HOMBRES PARA DIOS

HOMBRES PARA DIOS

David Pawson

Anchor Recordings

Copyright © 2024 David Pawson Ministry CIO

Originalmente publicado en inglés con el título:
MEN FOR GOD

El derecho de David Pawson a ser identificado como el autor
de esta obra ha sido afirmado por él de acuerdo con la Ley de Copyright,
Diseños y Patentes de 1988.

Traducido por Alejandro Field

Esta traducción internacional en español se publica
por primera vez en Gran Bretaña en 2024 por
Anchor, que es el nombre comercial de David Pawson Publishing Ltd
Synegis House, 21 Crockhamwell Road,
Woodley, Reading RG5 3LE

Ninguna parte de esta publicación podrá ser reproducida o transmitida de
ninguna forma o por ningún medio, electrónico o mecánico, incluyendo
fotocopia, grabación o ningún sistema de almacenamiento o recuperación de
información, sin el permiso previo por escrito del editor.

**Si desea más de las enseñanzas de David Pawson,
incluyendo DVD y CD, vaya a
www.davidpawson.com**

**PARA DESCARGAS GRATUITAS
www.davidpawson.org**

**Si desea más información, envíe un e-mail a
info@davidpawsonministry.org**

ISBN 978-1-913472-90-0

Impreso por Ingram

Índice

1. Una carga por los hombres — 9
2. Masculino y femenino — 35
3. Trabajo duro — 67
4. Hacer discípulos — 97

Este libro está basado en una serie de charlas. Al tener su origen en la palabra hablada, muchos lectores encontrarán que su estilo es algo diferente de mi estilo habitual de escritura. Es de esperar que esto no afecte la sustancia de la enseñanza bíblica que se encuentra aquí.

Como siempre, pido al lector que compare todo lo que digo o escribo con lo que está escrito en la Biblia y, si encuentra en cualquier punto un conflicto, que siempre confíe en la clara enseñanza de las escrituras.

David Pawson, 1930 - 2020

Capítulo 1

UNA CARGA POR LOS HOMBRES

Durante unos diez años hablé en conferencias bajo el título "Hombres para Dios". En este capítulo, les contaré de dónde obtuve esa carga, cómo la obtuve y por qué lo hice, porque durante los primeros treinta años de mi ministerio, todas las reuniones en las que hablé eran mixtas. Luego llegó un momento en que, siempre que oraba, había una palabra que seguía escuchando de Dios: hombres. Se lo comenté a mi esposa y me dijo: "Tienes que empezar a hablar a hombres". De hecho, me dijo algo más: "A partir de ahora, no debes rechazar una invitación para hablar a hombres". Responder a todas las invitaciones se convirtió en una carga demasiado pesada. Pero esa carga había requerido treinta años para crecer y dar frutos.

Unos sesenta años antes había dejado de fumar. Dejé de fumar el día que empecé, y desde entonces no he vuelto a fumar un cigarrillo. Cuatro muchachos fuimos a los arbustos, nos fumamos una caja entera y nos sentíamos pésimo. Aún no conozco a nadie que haya disfrutado de su primer cigarrillo, pero nosotros sin duda no disfrutamos de nuestros primeros cincuenta. Estaba describiendo aquel incidente en el ayuntamiento de Derby y el ministro metodista del estrado saltó de su asiento y dijo: "David, yo era uno de los otros tres". Lo había olvidado todo hasta ese momento. Fumar no te llevará al infierno, pero te hará oler como si ya estuviste allí. ¿Por qué lo hacíamos si no nos gustaba? La respuesta es que queríamos pensar que éramos hombres en lugar de niños.

Todo niño tiene una especie de imagen en su mente de lo que es la hombría, y quiere ser esa imagen. Es la voluntad de Dios que un niño obtenga su imagen de hombría de su padre y que cada niño diga: "Cuando crezca, quiero ser como mi papá". Pero conozco a cientos, tal vez miles de hombres que dicen: "La última persona a la que quería parecerme es mi papá", y muchos de nosotros reaccionamos contra esa imagen. Así que recogemos nuestra imagen de la hombría de todo tipo de lugares, y mi pequeña imagen de niño de nueve años era fumar. Más tarde, a los dieciséis años, dejé la escuela y me fui a trabajar a una granja porque siempre había ambicionado ser agricultor y había pasado todas las vacaciones en granjas. En la granja me levantaba a las cuatro de la mañana para ordeñar noventa vacas con otro hombre, que tenía la dudosa reputación de poder decir palabrotas durante más tiempo que nadie sin repetirse. Hacían competiciones de obscenidades y blasfemias, y mi vocabulario se amplió enormemente. Es interesante que, una vez más, esto formara parte de la imagen infantil de que si vas a ser un hombre tienes que decir palabrotas y malas palabras. Es interesante que la mayoría de las palabrotas proceden de las dos relaciones sagradas de la vida humana: entre el hombre y la mujer, y entre el hombre y Dios. Toman estas relaciones y las profanan. Eso es lo que hacen las palabrotas: degradan algo que es bueno, incluso sagrado. Así que crecí con una imagen de la hombría que recogí de todas partes.

Un año después de dedicarme a la granja, conocí a un hombre llamado Jesús que pensé que había estado muerto por dos mil años, y fue un shock descubrir que no era así. Volví a la granja y me encontré cantando canciones cristianas a las vacas a las cinco de la mañana. Fue un pequeño milagro, porque no es algo que nos gusta cantar normalmente a esa hora de la mañana cuando enfrentamos a ese tipo de tarea. Ojalá lo hubiera patentado, porque años más tarde, en la revista *Farmers Weekly*, descubrí un artículo que decía que la música ayuda a que fluya la leche en las vacas. En aquella época, muchos granjeros ponían música en el establo para mejorar el flujo de leche. Puedo decir que lo descubrí mucho antes de que se hiciera público.

Entonces la vida empezó a cambiar radicalmente. Empecé a predicar —no en iglesias, porque no me habrían aceptado entonces—, pero predicaba en cualquier sitio que podía. Mi púlpito era un antiguo Jeep del ejército estadounidense de la Segunda Guerra Mundial. Lo estacionaba donde hubiera gente. Había una cola afuera, en la playa de un lugar llamado Whitley Bay, en Northumberland. Dondequiera que estacionaba el Jeep, predicaba. Quería contarle al mundo lo que había descubierto: Jesús está vivo y eso ha cambiado toda la historia. Estaba tan entusiasmado que, ingenuamente, predicaba en cualquier sitio. Pronto, unos setenta u ochenta jóvenes se unieron a mí y éramos toda una banda en el noreste de Inglaterra. Nos hicimos muy conocidos allí e íbamos a todas partes.

Más tarde, me encontré predicando en iglesias. Sucedió así. Fui a tomar el té un domingo por la tarde con un corredor de apuestas de Durham que se había convertido, y supe que él iba a predicar esa noche en una capilla de un lugar llamado Spennymoor. Fui con él a escucharlo. En el autobús le dije: "¿Sobre qué vas a predicar esta noche, Jack?".

Me contestó: "Yo no voy a predicar esta noche sino tú".

Subí al púlpito y me las arreglé para exponer toda mi teología, mi testimonio y todo lo demás en siete minutos, una hazaña que no he logrado repetir. Apareció una tensión en mi vida. Amaba la agricultura y quería ser agricultor, pero ahora me encontraba amando la predicación y queriendo ser un predicador.

Ahora quiero compartir con usted un sencillo secreto que he descubierto sobre este asunto de la guía. Algunas personas parecen hacer un gran esfuerzo para obtener la guía del Señor. Mi arreglo con él es este: "Tú eres el Señor. Por lo tanto, eres mi jefe. No es mi trabajo tratar de leer tu mente. Es tu responsabilidad decirme lo que quieres que haga". Hace años le hice una promesa solemne: "Si me dices claramente lo que quieres que haga, lo haré. Si me dices algo que tengo que decir o a dónde tengo que ir, siempre que me lo digas claramente, seré obediente". Creo que, por su gracia, he conseguido cumplir con esa promesa a lo largo de los años. Aunque ha tenido sus costos y consecuencias, no por ello dejo de buscar su guía. Si no oigo nada de él, supongo que quiere que siga haciendo lo que ya estaba haciendo. Pero si quiere que haga otra cosa, sabe que solo tiene que decírmelo claramente. Eso me ahorra un montón de problemas, y ese es mi enfoque de la guía, por si sirve de algo. Solo puedo decir que funciona, aunque no siempre de la manera que uno quiere.

Así que una mañana me levanté y dije: "Señor, ¿puedes decirme antes de las doce del mediodía de hoy si quieres que sea predicador o granjero?". A las diez y media, estaba tomando café con un amigo en la granja, me miró fijamente y me dijo: "David, acabarás en un púlpito, no detrás de un arado".

Le dije: "Eso no está suficientemente claro, Señor". Lo dejé, salí a la carretera y me topé con un ministro metodista jubilado. Hacía años que no lo veía. Lo había conocido cuando era un niño y le dije: "Hola, señor Scott, ¿cómo está?".

No me lo dijo, pero cuando uno dice "¿Cómo está?", no siempre espera una respuesta. Me dijo: "David, ¿por qué no estás en el ministerio?". Eran ya las once y media y le dije: "Ya está claro, Señor". Aunque seguí trabajando en la granja otros tres años y me licencié en agricultura en la Universidad de Newcastle, supe que mi futuro estaba claro.

Unas semanas después, mi padre me dijo: "Quiero hablar contigo". Me pregunté qué había hecho mal, pero me dijo: "Sé que quieres ser agricultor y te he conseguido una pequeña granja en Escocia para que la alquiles en cuanto cumplas veintiún años". Tuve que decirle que llegaba unas semanas tarde, y que mi Padre Celestial se había adelantado. Aquello fue increíble, y cuando paso por delante de la pequeña granja, a menudo la miro y me pregunto si todavía podría estar ordeñando vacas allí, que me encantaría. Pónganme en un tractor arando en un buen día, con gaviotas volando alrededor, y me lleno de felicidad. Pero significaba algo diferente, así que en 1950 me postulé para ser ministro metodista.

Nunca había estado en ninguna otra denominación. Ni siquiera conocía otra. De hecho, mis antepasados habían sido metodistas desde la época de John Wesley. Uno de los primeros predicadores de la familia fue John Pawson, un granjero de Yorkshire y antepasado directo mío. Desde entonces, todos habían sido agricultores o predicadores, o ambas cosas. Había una tradición familiar, pero ahora esto no era una tradición, era mi propia decisión y mi vida. Así que me ofrecí a la iglesia metodista para su ministerio, y me dijeron: "No podemos aceptarte hasta dentro de un año".

Yo respondí: "Iré a donde me envíen durante un año y haré todo lo que me digan por un año".

Dijeron: "De acuerdo".

Agregué: "Dentro de las Islas Británicas".

Así que respondieron: "Bien, puedes ir a las islas Shetland", que era lo más lejos que podían llevarme, ¡y que yo siempre había pensado por el atlas escolar que estaban en una caja! Zarpé de Leith, el puerto de Edimburgo, en un barco de carbón. Pasamos por Aberdeen y por John O'Groats. Luego pasamos por las Orcadas. Seguimos y pensé: "¿Dónde estamos? ¿Son las islas Shetland?". Finalmente, acabamos allí, donde me ocupé de cinco iglesias y tenía un barco a motor para viajar entre ellas.

Fue una experiencia maravillosa, pero el primer funeral que tuve, creo que fue el comienzo de la carga que empecé a compartir en 1950. Fue el primer funeral de un hombre, y por aquel entonces no venían mujeres al funeral sino solo hombres. Por primera vez, la iglesia estaba llena de hombres. Todos los domingos era una iglesia bote salvavidas, es decir, "las mujeres y los niños primero". Ahora, por primera vez, había una iglesia llena de hombres, lo que me sorprendió un poco, y luego llegamos al cementerio. En el cementerio seguí la rutina o el ritual y me alejé de la tumba, pero después de alejarme los hombres se quedaron allí e hicieron otra cosa. No me di cuenta de lo que hacían, así que pregunté. Al parecer, había muerto un masón y toda la logia había acudido al entierro y estaba haciendo algo para despedirse del masón que acabábamos de enterrar. Yo no sabía nada de masonería, pero pregunté: "¿Por qué son todos masones? ¿Por qué están todos en una logia?". Porque ninguno de ellos iba a la iglesia, y empezaron a contarme por qué se habían unido. La razón principal, descubrí, era que, después de la Segunda Guerra Mundial, habían vuelto a casa y habían echado mucho de menos la compañía masculina. Buscaron un lugar donde pudieran volver a ser "uno de los muchachos" y encontraron la logia, a la que se habían unido todos los excombatientes. Me hablaron de la camaradería, de la hermandad y de todo lo demás. Incluso me dijeron: "Deberías unirte; te alistaremos si te interesa". Estuve a punto de hacerlo. Estoy muy agradecido de no haberlo hecho, porque ahora sé mucho más sobre el tema. Me dijeron que me ayudaría en mi carrera, lo que me pareció un poco extraño. Desde entonces he descubierto que hay iglesias en Londres que no aceptan a alguien como ministro a menos que esté "encuadrado". Ahora me alegro de no haberme afiliado. Desde entonces he descubierto que es una forma peligrosa para los hombres de encontrar hermandad y compañerismo. De hecho, algunas personas escribieron un pequeño folleto sobre mí que hicieron circular, advirtiendo a la gente contra este hombre terrible, David Pawson.

He visto los frutos de algunas de estas cosas. Yo estaba en un estadio deportivo y una pareja de ancianos se me acercó después de la reunión. Era un hombre alto, con aspecto de soldado. Yo los situaría en torno a los setenta, pero ella estaba en bastante mal estado. Estaba encorvada, temblaba, tenía las mejillas hundidas y parecía muy enferma. El marido me dijo: "¿Quisiera orar por mi esposa? Ha sido una buena esposa para mí durante tantos años, pero no soporto verla así".

Le contesté: "No me gusta orar para que se cure hasta no saber qué le pasa. ¿Qué problema tiene?".

Dijo: "Ese es el problema: los médicos no pueden averiguarlo".
Le respondí: "Pues a mí no me gusta orar hasta no saber por qué oro, así que le pediré al Señor que me lo diga. Si me contesta, seguiremos adelante".
Se lo pedí al Señor y me contestó. Le dije al hombre: "¿Es usted masón?".
Me contestó: "Sí, últimamente no voy mucho a la logia, pero soy masón".
Le dije: "En el nombre de Jesús, vaya a su casa, queme todo lo que tenga relacionado con eso y su mujer se curará".
Contestó: "No sé dónde está todo", y la esposa dijo: "Yo sí".
Las esposas suelen ser así. Es irritante. Si alguna vez perdemos algo, vaya a su esposa, le preguntará dónde lo tuvo por última vez, y ahí estará.
En fin, volvieron a casa, hicieron la hoguera y ella no mejoró. Quemaron cosas en el patio trasero y no hubo mejoría. Él gritó al cielo y dijo: "Dios, ese hombre dijo que ella se curaría si lo quemábamos y lo hicimos, pero ella no está mejor".
Por primera vez en la vida de ese hombre, Dios le habló y dijo: "Hay más en el garaje".
Fueron al garaje y encontraron algunas otras cosas y las pusieron en la hoguera. Volvieron la noche siguiente, vinieron a mí después de la reunión, y no podía creer lo que veían mis ojos. La esposa parecía diez años más joven. ¡El marido parecía como si le hubiera dado un millón de libras!
Había un chico de catorce años que vivía cerca de nosotros. Se orinaba en la cama y no podía ir de acampada sin llevar una sábana de goma, lo que provocaba todo tipo de burlas y bromas. Los padres lo llevaron a médicos, a un psiquiatra y a todo, y no pudieron curar esta enuresis. Un amigo mío fue a tomar el té allí y dijo: "¿Hay masonería en esta familia?".
"Sí, su abuelo es el gran maestro de la logia".
Mi amigo simplemente oró al respecto, y el niño no ha mojado la cama ni una sola vez desde entonces. Ahora usted puede

explicar estas cosas si lo desea, pero un hombre vino a mí no hace mucho tiempo, un doctor en medicina, y estaba temblando de miedo mientras se sentaba en la silla. Le pregunté: "¿Qué te pasa?".

Me dijo: "Acabo de ser admitido en el trigésimo tercer grado. Descubrí que la adoración era a Lucifer. Voy a la iglesia y estoy muerto de miedo". Bueno, lo solucionamos.

Una vez estaba en Douglas, Isla de Man, predicando en el teatro allí. Un día, un hombre se acercó a mí en el paseo marítimo y me preguntó: "¿Es usted David Pawson?". "Sí", respondí.

Me dijo: "¿Es usted el hombre que dice que no se puede ser cristiano y masón?". Se lo confirmé, y me dijo: "Bueno, soy ambas cosas. Le daré dos minutos para que me demuestre que no puedo ser ambas cosas, y si puede demostrármelo en dos minutos, renunciaré".

¡Qué reto tan bonito! Recuerdo que me quité el reloj y dije: "No voy a hablarte del grado treinta y tres y de lo que se hace en la cima, sino de uno de los primeros juramentos que hiciste, de una de las primeras promesas que hiciste: un juramento sangriento sobre lo que harías a cualquiera que traicionara los secretos. Jesús dijo que si deseabas la muerte de alguien habías empezado a ser un asesino. ¿Qué te parece hacer un juramento sangriento como ese?". Abrió la boca para decir algo y le dije: "Sé lo que vas a decir. Vas a decir que son solo palabras, que es solo un poco de ritual, que no lo decimos en serio". En el mismo Sermón del Monte, Jesús dijo: "Que tu 'sí' sea 'sí' y tu 'no' sea 'no', siempre queriendo decir lo que dices". Esa es una pequeña parte descuidada de la ley de Cristo que los cristianos no siempre recuerdan, pero está ahí.

Continué: "Si querías decir ese juramento, estabas yendo en contra del Sermón del Monte; si no querías decirlo, estabas yendo en contra del Sermón del Monte. Y dices que eres un seguidor de Jesús".

Tengo que decir que renunció esa tarde y lo hice en un minuto

Una carga por los hombres

y medio. Le iba a costar mucho porque la Isla de Man está plagada de eso, donde van los exiliados fiscales y algunos hacen su comercio en la logia. Le iba a costar mucho en sus negocios, pero renunció.

Estamos hablando de cosas serias. Quiero ver en la iglesia una hermandad de hombres que supere eso: que no tenga secretos, que esté en la luz, y donde el nombre de Jesús sea central. Eso es lo que Jesús quería que fuera la iglesia: una hermandad. Por eso eligió a doce hombres para iniciarla. Es asombroso que hoy vayamos por las mujeres y los niños, mientras que Jesús, para construir su iglesia, fue por hombres, hombres trabajadores, la mayoría de los cuales trabajaban con sus manos. Solo había un administrativo entre ellos. Jesús escogió a doce trabajadores comunes y corrientes y fundó una iglesia que, cuando yo hablé por primera vez de este tema, contaba con mil quinientos millones de fieles. ¿Cuándo aprenderemos a hacerlo a la manera de Jesús? Lo que espero es que en cada iglesia se inicie un programa de discipulado de hombres.

Me preocupa cuando voy de iglesia en iglesia y digo: "Déjenme ver su programa de actividades". Suele ser una lista terriblemente larga, con cosas para bebés, para grupos de juego, para jóvenes, para jubilados, para mañanas de café de mujeres. En nueve de cada diez iglesias busco en vano algo para los hombres, aunque así fue como empezó Jesús.

Descubrí que en la mayoría de las iglesias hay más mujeres que hombres. En las dos últimas iglesias parroquiales en las que he predicado había cinco mujeres por cada hombre, y parecía como si los hubieran arrastrado hasta allí. La media de las iglesias en las que he estado es de dos y medio a uno. No quiero decir que haya media mujer allí, sino que cinco a dos es la media. Hay algunas que son un poco mejores, pero ¿por qué es que la iglesia está tan falta de hombres?

Siempre he sido alguien que ha querido saber *por qué*. Empecé desde pequeño y mis padres se hartaron de mí: "¿Por qué, papá?";

"¿Por qué, mamá?". Nunca he dejado de ser así. Quiero saber por qué las cosas son como son, y empecé a preguntarme por qué las iglesias son así. Recuerde que, en el Antiguo Testamento, cuando Dios quiso averiguar las fuerzas del pueblo de Israel, dijo: "Cuenta los hombres mayores de veinte años que sean capaces de luchar". Yo uso eso como un indicador aproximado. Me invitaron a ir a iglesias y observarlas y verlas como, espero, las ve el Señor, y darles algunos consejos y asesoramiento. Una de las primeras cosas que hago es contar los hombres mayores de veinte años que son aptos para pelear las batallas del Señor. Eso me da una muy buena idea de la fuerza real.

No me disculpo por decir que creo que la fuerza de cualquier iglesia está en sus hombres. Por eso me he concentrado en ello. Entonces, ¿por qué esta carencia? De las Shetlands fui a la universidad y estudié teología en Cambridge. Allí estuve a punto de perder la fe. Ciertamente perdí mi fe en la Biblia, pero no perdí mi fe en Dios. Nos enseñaron a leer la Biblia con un par de tijeras y a cortarla y quitarle cosas, pero de todos modos me las arreglé para aferrarme a mi fe y volví a salir, pero de nuevo a estas iglesias donde la mayoría eran mujeres y niños. ¿Por qué?

En realidad, la iglesia metodista me dijo que querían que fuera evangelista. Me dieron una casa rodante y una furgoneta para llevarla, y me enviaron a Yorkshire. Todavía era bastante duro allí. Bajé a las minas y fui a los pubs y clubes e intenté evangelizar, y algunos vinieron al Señor. Pero después de un año supe que no era un evangelista. Es estupendo descubrir lo que uno no es. Entonces dejamos de intentar ser lo que no somos. Averigüe lo que Dios quiere que sea y vaya tras ello, pero no intente ser lo que él no quiere que sea. Eso es fatal, y conozco a demasiados cristianos que intentan hacer lo que Dios ha encomendado a otro. Yo sabía que no era un evangelista. Pero no me arrepiento de aquel año. Aprendí mucho sobre mí mismo, hubo conversiones y obtuve una esposa. Así que no fue tiempo perdido.

Volvía a la casa rodante al final del año y dije: "Señor, estoy seguro de que no quieres que siga en esto. Estoy seguro de que tienes otra cosa para mí, pero ha sido una experiencia de aprendizaje maravillosa; gracias por ella, pero ¿qué quieres que haga?".

Dijo claramente: "Habrá una carta esperándote en la casa rodante". No veía la hora de llegar. Llegué a la casa rodante, abrí la puerta y había un sobre azul en el suelo. Lo levanté febrilmente, lo abrí y tuve que sentarme. En la parte superior de la carta estaba el escudo de la Fuerza Aérea Real: "Estamos buscando un capellán en la Fuerza Aérea Real. Nueve hombres han solicitado la vacante, pero queríamos añadir su nombre a la lista de entrevistados: ¿está dispuesto?". Busqué en la casa rodante para ver si había otro sobre en alguna parte, pero no lo había, así que tuve que asumir que esto era lo que Dios quería que hiciera. Nunca había estado en el ejército. En aquella época todavía existía el servicio militar obligatorio, el servicio nacional, pero si uno trabajaba en una granja quedaba exento: la comida era más importante que las armas inmediatamente después de la guerra. Así que nunca me habían reclutado y no quería ser reclutado.

De todos modos, fui a Londres y me entrevistaron. Nunca olvidaré aquella entrevista. Era una gran sala con una larga mesa cubierta con un paño verde, y detrás de ella se sentaban oficiales de la Marina Real, el Ejército y la Fuerza Aérea Real, de uniforme, y había una sola silla delante de la mesa. Eché un vistazo a través de la puerta y pensé: "No pienso entrar ahí". Siempre estaré agradecido al sargento que estaba de guardia en la puerta para hacernos pasar, uno por uno. Al pasar junto a él, me dijo: "Imagínese a los hombres en calzoncillos, señor". Entré y los "vi" a todos con camisetas de malla y les perdí todo el miedo. Me relajé, disfruté y me dieron el trabajo. Me dijeron: "Vaya inmediatamente al Establecimiento Médico Central en Holborn y hágase un reconocimiento médico". Tuve que pasar un reconocimiento médico con la tripulación del avión. Recuerdo que entré en una habitación completamente desnudo y había un médico con bata blanca sentado detrás de un escritorio. Levantó la vista y dijo: "Ah, Padre, pase". Desde entonces trato de entenderlo. Pensé: "¿Tengo una marca comercial encima? Le conté a otro de los hombres que estaba en la revisación lo que me había dicho el médico, y me contestó: "Al menos no me dijo: 'Pase, rabino'".

Entré en otra habitación y había un hombre que decía: "Ahora tengo que probar su oído. Repita cada palabra que le diga. "Pescado", y dije "pescado". "Patatas fritas", y dije "patatas fritas". "*&%$'" y le dije: "Mire, voy a ser capellán, así que no puedo decir palabras como esas".

Me dijo: "Está adentro", y firmó.

Me encontré frente a una congregación de cientos de hombres. Llevaba todos mis viejos sermones en el bolsillo y ¡cayeron como un globo de plomo! Me di cuenta de que me había estado adaptando a predicar a mujeres y niños, y la mayoría de los predicadores de este país han hecho lo mismo. Es muy diferente hablar a los hombres. Ellos lo quieren directamente, sin anestesia. No lo quieren disfrazado con un lenguaje bonito. Incluso si no están de acuerdo contigo, quieren saber lo que realmente uno está diciendo. "¡Vamos, dilo!". Tuve que desechar mis sermones y esos tres años en la RAF como capellán me hicieron maravillas.

Desgraciadamente, me ha hecho algo brusco al hablar, y descubro que las iglesias civiles tienden a reaccionar contra eso de vez en cuando. He descubierto que no les gustan los predicadores francos, así que me suelen presentar como "no ajeno a la controversia". Todo lo que significa eso es que digo las cosas como son y las digo sin rodeos, y he descubierto que eso es lo que quieren los hombres, aunque vengan y no estén de acuerdo contigo al respecto. Volví a la vida civil decidido a que cualquier iglesia que pastoreara tuviera tantos hombres como mujeres, y eso significa preguntarse por qué no están allí.

Se me ocurrieron varias razones. Número uno: dos guerras mundiales robaron hombres a las iglesias. Se fueron a la guerra y no volvieron. No me refiero a los que murieron, sino a los que sobrevivieron, pero no volvieron a la iglesia. Habían visto y hecho cosas que eran incompatibles con la fe y con un Dios bueno. Decían: "¿Cómo puedo creer en un Dios bueno después del asesinato y la sangre de las trincheras de la Primera Guerra Mundial?". Estuve en una iglesia en el este de Londres donde antes de la Primera Guerra Mundial tenían una reunión de hombres los lunes por la noche de mil hombres. Influyeron en la política nacional. Un orador en la reunión pidió la dimisión de un ministro del gabinete. Había miembros del Parlamento presentes; esa reunión habló a la nación y fue eficaz. Pregunté en la iglesia si todavía se celebraba esa reunión. "No", fue la respuesta.

"¿Cuándo desapareció?".

"Intentamos revivirla después de la Primera Guerra Mundial. Llegamos a tener unos veinte o treinta y luego fue decayendo".

Eso podría decirse de muchas iglesias. Si se fija en los memoriales de guerra de las iglesias, ¿se ha dado cuenta de cuántos nombres más hay de la Primera Guerra Mundial que de la Segunda? Había habido un descenso, y la Segunda Guerra Mundial simplemente lo aceleró. Significó que la Primera Guerra Mundial condujo a una gigantesca revolución social en Inglaterra que nunca antes había ocurrido. Nunca antes tantos hombres habían ido a la guerra. Por supuesto que al principio fue voluntario, pero más tarde llegó el servicio militar obligatorio.

Por lo tanto, por primera vez, las mujeres asumían las responsabilidades de los hombres. El hogar fue dirigido por mujeres durante cuatro años en algunos casos. Las fábricas estaban ahora llenas de mujeres; los operarios de las fábricas eran mujeres. No es casualidad, por supuesto, que al mismo tiempo reclamaran el voto. "Estamos haciendo un trabajo de hombres". Solo los hombres habían podido votar hasta entonces. No estoy diciendo que esto fuera bueno o malo. Lo que intento comunicar es que se había producido una gigantesca revolución social en ausencia de los hombres, y no nos hemos recuperado de ello. Cuando los hombres volvieron a casa exhaustos de la guerra, prácticamente dijeron a sus esposas: "Están haciendo un gran trabajo; sigan adelante". Desde entonces, la mayoría de las decisiones en la mayoría de los hogares de Inglaterra las toma la mujer y no el marido. El marido considera cumplida su responsabilidad cuando trae el sueldo a casa. Esa es su parte. La mujer tiene que tomar las decisiones importantes, y en muchos hogares es la mujer la que tiene que presupuestar la forma en que se gasta el salario, mientras que la Biblia pone esa responsabilidad firmemente en el hombre. Las esposas no tendrían que preocuparse por el dinero.

Es responsabilidad del hombre hacer una provisión adecuada y presupuestar, pero en muchos hogares a los que voy, la pobre esposa está luchando para equilibrar los pagos de la televisión, el coche, la limpieza de la casa y todo lo demás. Es una carga que no debería llevar, pero en la mayoría de los hogares ella es la reina, así que manda y reina.

Eso fue la Primera Guerra Mundial y tuvimos que recuperar muchos años para que los hombres volvieran a la iglesia. Fue una batalla cuesta arriba, no fácil.

Una segunda razón, y hablo claramente, es cierto clero afeminado. El proceso de selección ha optado por personas seguras antes que arriesgadas, y una de las características de la masculinidad es la voluntad de correr riesgos y arriesgarse. Por supuesto, eso siempre es una amenaza para un sistema. También está el hecho de que ministrar a mujeres y niños la mayor parte del tiempo afecta a la persona. Estaba sentado en un servicio familiar con mi esposa. Voy a caricaturizar para que reconozca que esto es casi lo que pasó. El hombre que predicaba dijo: "¿Alguien puede decirme algo acerca de un hombre llamado Daniel?".

Hubo un silencio sepulcral en la congregación. Nadie respondió y una pequeña ama de casa en primera fila, con una fila de bebés en carritos delante (no sé si eran todos suyos o no), levantó la mano y dijo: "Creo que lo sé". El clérigo dijo: "Sí, ¿qué sabes acerca de ¿Daniel?".

Una carga por los hombres

Ella respondió: "Sacó una espina de la garra de un león". Ésa es una vieja leyenda griega. Lo intentó y el sacerdote dijo: "No del todo bien, pero buen intento; ¿nadie más?".

"Nadie más. Bueno, tendré que decirles: Daniel fue arrojado a un horno de fuego". Mi esposa me codeó en las costillas y susurró: "Ciegos guiando a ciegos", y comenzamos a reírnos.

En ese momento miré a los hombres a mi alrededor y estaban comprobando si tenían calcetines del mismo color o estudiando los accesorios de la luz eléctrica. Estaban muy incómodos. Se suponía que sería un servicio familiar pero no había nada para hombres. El sermón nos trataba a todos como a una clase de escuela dominical, y aquellos hombres parecían ansiosos por salir. Estaban totalmente fuera de su entorno y contexto.

El clero produce la iglesia. El gran problema de ser ministro, vicario o pastor es que la gente los sigue. Por supuesto uno dice que quiere eso, pero en realidad no siguen lo que dice sino lo que hace y lo que es.

Una tercera razón es que es mucho más fácil para las mujeres convertirse en cristianas que para los hombres, y quiero explicar por qué. Cada mujer, en su corazón, busca un hombre a quien pueda confiar su vida, alguien en quien pueda confiar para que la proteja, la sostenga, haga lo que necesita, alguien a quien admirar, honrar y obedecer. Por supuesto, cuando encuentran a Jesús han encontrado al hombre perfecto. Es casi natural que respondan a Jesús, especialmente si una mujer está en un mal matrimonio o es madre soltera. Responden muy fácilmente a la búsqueda de un hombre en quien puedan confiar. Los hombres son muy diferentes. Tenemos un músculo de hierro fundido en la nuca. Nos gusta ser independientes. No queremos admitir que necesitamos ayuda de nadie; lucharemos hasta salir adelante, incluso si eso nos mata.

Nuestra independencia es parte de nuestra masculinidad y, por lo tanto, para convertirse en cristiano un hombre tiene que hacer dos cosas que van en contra de su naturaleza. Primero tiene que venir y aceptar a Jesús porque lo necesita. El instinto del hombre dice: "No necesito ayuda; puedo manejar mi propia vida". Un hombre le dijo a un amigo mío: "¿Esperas que me presente ante el Señor con las manos y los brazos abiertos y confiese que mi vida es un fracaso y que no puedo arreglármelas sin él? ¡Que me condenen si lo hago!". Puede adivinar lo que mi amigo le dijo en voz baja: "Serás condenado si no lo haces". Lo cual es cierto, pero él expresaba esta independencia masculina, y especialmente entre los veinte y los cuarenta y cinco años, siempre que tengamos salud y fuerzas, podemos manejar nuestra propia vida. No necesitamos que nadie nos diga qué debemos hacer, a menos que ocurra un desastre mayor. A menos que alguien sea descubierto en un delito y luego se convierta en cristiano. Hace falta un desastre, mala salud, un negocio fallido, un socio comercial que se ha fugado con los fondos, un matrimonio roto. Entre los veinte y cuarenta y cinco normalmente hace falta un desastre muy grande para decir a un hombre que necesita ayuda. Entonces, una vez que ha confiado en Cristo, y en cierto sentido ha tomado una parte "femenina" hacia Cristo, ahora es parte de la Esposa de Cristo, mirando a Cristo como su "esposo". Luego tiene que dar otro salto mortal contra su naturaleza y seguir siendo un hombre masculino.

Demasiados hombres cristianos que se entregan a Cristo se vuelven débiles. En relación con Cristo, el hombre debe volverse más "femenino"; En relación con otras personas, necesita permanecer "masculino": hacia su familia, hacia sus colegas, hacia todos los demás. Ahora bien, eso es todo un ajuste, un doble salto mortal, y solo la gracia de Dios puede ayudarlo a hacerlo. Demasiados hombres han perdido su virilidad cuando se hicieron cristianos, y eso es una tragedia. Permítame ilustrar esto. Fui al sur de Gales. Una mujer se me acercó después de la reunión y me dijo: "Señor Pawson, tengo un problema, ¿me ayudará?".

Le dije: "¿Tienes marido además del problema?".

"Sí".

"¿Es tu marido el problema?".

"No", respondió ella.

Entonces le pregunté: "¿Le has contado el problema a tu marido?".

"No".

"¿Por qué no?".

"Es un problema espiritual y él no es cristiano".

"¿Qué diferencia hace eso?".

Ella dijo: "¿No lo entiende? No tiene la mínima comprensión de las cosas espirituales, y esto es un problema espiritual".

Le dije: "Pero tu esposo es el hombre al que Dios quiere que vayas con esto".

Ella dijo: "No puedo creer eso".

Respondí: "Dios quiere resolver tu problema a través de tu esposo. Por eso te dio a tu marido".

"Bueno, me cuesta creerlo", dijo de nuevo.

Le dije: "Escucha, Dios una vez le habló a un hombre a través de su burro, y estás diciendo que Dios no puede hablar a través de tu marido".

Eso convence a nueve de cada diez mujeres, lo que me dice lo que piensan de sus maridos. Pero ella no quedó convencida y se fue y difundió rumores por todos lados: "No acudas a David Pawson con un problema espiritual. No entiende lo que es estar casado con un incrédulo". Ella hizo mucho daño a mi reputación.

Sin embargo, un año después estaba en el mismo lugar y ella estaba allí otra vez y me dijo: "Tengo otro problema, señor Pawson, y esta vez es mi esposo, así que no puedo ir a él con eso".

Entonces le pregunté: "¿Cuál es tu problema esta vez?".

Ella dijo: "¿Qué haces con un marido que está muy por delante de ti espiritualmente?".

"¿Qué quieres decir?".

Ella dijo: "Bueno, estuve enojada con usted durante un par de meses porque no me ayudó y traté de conseguir ayuda en otra parte y nadie me ayudó. Desesperada le dije a mi marido: '¿Podrías ayudarme con mi problema?' y él me dio la respuesta. No sé quién se sorprendió más, si él o yo. Desde ese día empezó a interesarse por las cosas espirituales. Ahora él es cristiano y no puedo seguirle el ritmo; es tan aplicado y entusiasta que está muy arriba y yo no puedo manejar la situación".

Le dije: "Conoces tu problema: querías a tu marido justo donde estabas. Bueno, tu trabajo como esposa es estar donde él está. Él es tu cabeza".

Es que creo que una esposa cristiana aún debe considerar a su esposo incrédulo como su cabeza espiritual. Pero las esposas suelen venir a Cristo antes que los maridos, y eso crea un problema. Puede romper un matrimonio.

Una señora vino a Cristo en un pueblo y el vicario estaba tan emocionado que la hizo dar testimonios en las reuniones y en todas partes, su primer "trofeo". Un marido en el pub le decía a la gente: "Jesús se escapó con mi esposa". Cualquier esposa que se convierta primero en cristiana necesita que se le diga muy rápidamente: "No prediques. No pases todos tus días en la iglesia". La Biblia dice que tiene que ganar a su esposo sin una palabra volviéndose más atractiva a la vista y más atractiva para vivir, y cuando su esposo sienta que tiene una mejor esposa con Jesús, se interesará. (Eso está en 1 Pedro 3, si está interesado. La Biblia es muy práctica).

Es lo más fácil para los niños llegar a la fe en Cristo. Si los ama y ellos confían en usted, es muy fácil lograr que un niño hable con Jesús. Las esposas, las mujeres en general, son las segundas más fáciles. Los hombres son los más duros. Por eso la iglesia se ha concentrado en las escuelas de verano y las reuniones de mujeres. Pero Jesús comenzó con los hombres. Creo que realmente deberíamos volver a aprender a hacerlo a su manera, y si tuviera todo mi tiempo nuevamente, mi primera prioridad como pastor de una iglesia sería discipular a los hombres. Todas las demás cosas pasarían a ser secundarias frente a eso.

Si consigue a los hombres, seguirán las mujeres y los niños. Si consigue a las mujeres y a los niños, podrá alejar cada vez más a los hombres. Si su esposa se ha convertido en un caballo de carreras espiritual mientras él todavía está en el puesto de salida, usted está abriendo una brecha en ese matrimonio. Se lo he dicho a más de una esposa cuando me ha preguntado: "¿Qué puedo hacer para que mi esposo se salve?". "Deja de ir a la iglesia".

Siempre responden: "No, en serio, ¿qué debo hacer?". Luego digo que hablaba en serio y que en muchos casos ha funcionado. A la esposa le ha resultado muy fácil entregar su vida a Jesús, sea cual sea la clase de marido que tenga. Al marido le resulta más difícil sentir su necesidad.

Estas son algunas de las razones que me dieron una carga por los hombres. Pero también estaba desarrollando la misma carga por los hombres por lo que estaba ocurriendo en la sociedad. Desde que estoy en el ministerio ha habido una revolución de género. Comenzó en la década de 1960 con algo llamado "unisex". Recuerdo que hace años iba a Singapur y, por lo tanto, primero necesitaba cortarme el pelo. En Singapur había una ley que prohibía que el cabello de los hombres tocara el cuello. Es la forma en que trataban a los elementos antisociales en su ciudad, así que (como mi cabello tocaba el cuello) tuve que ir a cortarlo. Le dije a mi esposa que iba a la ciudad y ella me dijo: "Yo también tengo que ir. ¿Puedo ir contigo?". Así que estacionamos el auto y nos separamos y encontré (en aquellos días) una peluquería que no necesitaba citas y entré. Al hacerlo noté esta palabra "unisex" y adentro encontré tanto hombres como mujeres jóvenes cortando el cabello y clientes hombres y mujeres. Así que me senté y una joven muy atractiva empezó a cortarme el pelo: una experiencia nueva para mí, nada desagradable. Estaba charlando y me miré en el espejo y vi al otro lado de la habitación a mi esposa con un italiano joven, elegante y apuesto cortándose el pelo. Ninguno de los dos sabíamos que íbamos al mismo lugar, nos miramos y nos reímos a carcajadas. No sé qué vio el personal, pero parecía muy ridículo. Era el extremo fino de una cuña. Los hombres empezaron a tener el pelo mucho más largo. Las mujeres comenzaron a acortarlo. Los hombres comenzaron a usar aretes y joyas y a llevar carteras. Las mujeres empezaron a usar jeans y botas altas. Había confusión.

Ese fue el comienzo de una confusión entre hombres y mujeres, que se ha acelerado desde entonces. Ahora no sabemos dónde estamos. Creo que detrás de esto no había solo una tendencia social. Creo que Satanás, cuyo otro nombre es Apolión el destructor y que no puede crear nada, encuentra su gozo en destruir lo que Dios ha creado. Él es el vándalo original. Creo que Satanás está destruyendo a hombres y mujeres, de manera bastante deliberada, porque Dios puso la caballerosidad en el romance. La caballerosidad ahora ha sido tildada de chauvinismo. Me han reprendido por dejar pasar primero a una señora por la puerta. Todo nuestro sentido de valores sobre el género ha sido distorsionado. Ahora permítanme decir algo sobre la tendencia que llamamos "feminismo". Hay una queja legítima detrás de esto: que las mujeres han sido tratadas como ciudadanas de segunda clase y de diferente valor que los hombres. Ésa es la queja correcta y necesitamos escucharla como hombres, porque todos hemos sido culpables de ella de una forma u otra. Sin embargo, la solución propuesta es incorrecta: borrar todas las diferencias, llamarnos a todos "personas" y volvernos "políticamente correctos".

Lo "políticamente correcto" está lejos de ser bíblicamente correcto, y aquí hay un aumento de la tensión. Hay cristianos que están más preocupados por ser políticamente correctos que moralmente correctos. Permítanme seguir el avance más a fondo. En la década de 1970, la era del "homosex", salió del armario. Ahora es legal y lo que se vuelve legal se vuelve "correcto". Cuando algo es reconocido legalmente es aceptado por la población como "correcto". Esto tiene implicaciones para la legalización de las drogas, la legalización de la prostitución y muchas otras causas políticas.

Hoy estamos recogiendo una cosecha de todo esto que irá de mal en peor. Hasta que los hombres sean verdaderos padres, jefes

Una carga por los hombres

de su casa y lideren a sus esposas y familias (no dictándoles, sino liderándolas) vamos a tener un aumento en la perversión, y la Biblia lo llama así. Es una abominación para Dios. Nunca fue su intención, no construyó nuestros cuerpos para ello. Ese pasaje es demasiado delicado para usarlo para eso. Eso es lo que está pasando.

Los bisexuales y transexuales fueron la siguiente etapa del proceso. Recuerdo que un día mi secretaria, una señora encantadora, siempre tranquila, calmada y serena, entró histérica en mi oficina y le dije: "¿Qué pasa?".

Finalmente dijo: "Hay alguien esperando verte y no puedo manejarlo".

Así que fui a la oficina exterior y había una mujer de mediana edad con sombrero, abrigo y bolso sentada en una silla. Me senté a su lado y le dije: "¿Cuál es el problema, querida?".

Finalmente dijo: "Estoy muy preocupada por mi esposa y mis hijos". Tuve que mirar dos veces. Teníamos tres psiquiatras en la iglesia y me preguntaba si alguno de ellos podría echarme una mano.

Entonces me di cuenta de que esta persona estaba perfectamente cuerda. Noté que las manos eran dos veces más grandes que las mías, muy robustas. Entonces dije: "Creo que será mejor que me lo cuentes".

"Yo era artillero en la Armada Real".

Podía ver las manos.

"Salí de la Armada y no podía soportar la vida en casa con mi esposa y mis hijos, me escapé a Londres, me metí en malas compañías, me metí en sexo pervertido y comencé a vestirme como mujer. Finalmente me operaron, me extirparon el pene, me trataron con hormonas y ahora soy una mujer". Esta persona se deprimió tanto que fue al río Támesis y estaba lista para saltar, pero conoció a un evangelista que recorría el terraplén impidiendo suicidios y entregando folletos del evangelio. Detuvo a esta persona, le dio un folleto, le hizo decir la oración del pecador y luego le dio el nombre y la dirección de alguien que lo ayudaría ¡y le dio mi nombre y mi dirección!

En realidad, esto fue a principios de los años setenta y fue la primera vez que tuve una situación pastoral como esa. Miré todos mis libros sobre consejería y ninguno mencionó esto. Pensé en toda mi formación en Cambridge y nunca había estado a un millón de kilómetros de decirme cómo manejar esto. Fueron necesarios seis meses para enderezar a esa persona. Tuve que decirle: "No debes volver con tu esposa y tus hijos. Eso solo los confundirá aún más".

Encontrar trabajo para esa persona era casi imposible. Fui de empleador en empleador, rogándoles que la contrataran, pero cuando descubrieron que era una persona que usaba el baño de mujeres pero con mente y memoria de hombre, no querían saber nada. Finalmente, conseguí que un empleador cristiano los aceptara, de forma gradual y lenta pero segura.

¿Alguna vez ha pensado en cómo ayudar a una persona a darse cuenta de quién es en Cristo cuando ya ha tenido un cambio de sexo irreversible? Piénselo. ¿Cómo descubren lo que Dios quería que fueran? Ésa fue la primera, pero me temo que estuvo lejos de ser la última. Me dijeron después que hay decenas de miles de casos similares en Inglaterra.

Puede conseguirlo gratis en el Servicio Nacional de Salud, e incluso han realizado una serie de programas de televisión sobre cómo hacerlo. Estaba hablando con una pareja en un cóctel en Londres. Le dije: "¿Cuáles son sus trabajos?".

El hombre dijo: "Soy cirujano y mi esposa es psicóloga".

Le respondí: "Oh, ¿cuidan el cuerpo y el alma?", como una especie de broma.

Dijeron: "Eso es precisamente lo que hacemos. Tenemos nuestra propia clínica privada".

Les pregunté: "¿Qué tipo de gente va ahí?".

"Oh, gente que quiere cambiar de sexo. Yo cambio sus cuerpos y mi esposa les cambia la mente".

"¿Tienen muchos clientes?", pregunté.

"Tenemos una lista de espera de cientos de personas".

Vivimos en un mundo extraño, en el que la gente no quiere aceptar lo que Dios los ha hecho, un mundo en el que quieren decir: "Elegiré lo que quiero ser".

La mayoría de los hombres a los que he aconsejado, y a algunos a los que he logrado persuadir para que no siguieran adelante, eran hombres que querían que los cuidaran en lugar de tener la responsabilidad de cuidar de alguien. Eso es lo que he descubierto. Quieren ser mujeres y tener un hombre que las cuide en lugar de asumir responsabilidades de ser un hombre bajo Dios. Esa ha sido la tendencia de la sociedad y esto me dio la carga de ayudar a los hombres a ser hombres ante Dios, a ser lo que Dios quería que fueran. No porque me considere un modelo de virilidad.

Ahora tenemos muchas mujeres en esferas de los hombres. Este es uno de los mayores cambios. Las mujeres ahora usan armas y lanzan bombas. Ahora es normal que las mujeres maten. Hace solo unos años que las fuerzas británicas dejaron de enviar únicamente hombres a la línea de combate. Se trata de un cambio gigantesco, y nuestros abuelos se habrían quedado absolutamente asombrados ante este cambio. Boxeo, lucha libre: las mujeres quieren hacer todo lo que los hombres pueden hacer. Una campeona de lucha libre en un periódico australiano me atacó por hablar en contra del feminismo. Todavía no hemos llegado al final de la tendencia. Fue a Oscar Wilde a quien una señora le preguntó durante una cena: "¿Cuál es la diferencia esencial entre tú como hombre y yo como mujer?

Dijo: "Señora, yo no puedo concebir", un típico cliché de Oscar Wilde.

La posibilidad ahora es que las familias sean completamente indiferentes al género. Quiero decir que podría estar viviendo con su esposa e hijos en una casa, y en la casa de al lado, ambos padres y todos los hijos son mujeres y en la casa del otro lado, ambos padres y todos los hijos son varones. No estamos hablando de ciencia ficción. En Gran Bretaña hay una familia exclusivamente femenina que ha utilizado la inseminación artificial. Con la capacidad de averiguar en las primeras etapas del embarazo el sexo del feto, ahora se puede elegir, y me temo que muchos padres están optando por el aborto porque el feto no es del sexo que querían. Está sucediendo. ¿Qué está pasando con la intención de Dios de crear al hombre y a la mujer?

Finalmente, permítame agregar que la confusión ahora ha llegado al interior de la iglesia, y esa es mi mayor carga. Una cosa es que la sociedad se rebele contra el orden de Dios en nuestras vidas, ¡pero que la iglesia se le una! La iglesia significa hombres cristianos para mí, y deberían estar liderando la sociedad cuesta arriba en lugar de seguirla cuesta abajo. Me parece que la iglesia sigue al mundo, solo quince años después, por lo que nos ganamos la reputación de ser anticuados y atrasados porque somos reacios a seguir el camino. El mundo aceptó la homosexualidad hace décadas; la iglesia ahora apenas está comenzando a aceptarlo. Ese es el tipo de retraso que existe. Los cristianos simplemente siguen lentamente al mundo cuesta abajo. El divorcio se está volviendo tan frecuente dentro de la iglesia como lo era fuera de ella.

Estas no son historias de terror; solo estoy preparando una escena. Ahora existe una nueva Biblia, producida oficialmente por las principales denominaciones de Estados Unidos, llamada versión "inclusivista" en la que se ha eliminado todo "sexismo". Jesús ya no es "Hijo del Hombre" sino "Hijo del ser humano". Dios ya no es "Padre" sino "Padre-Madre". Toda la Biblia ha sido retraducida y alterada de manera deliberada, y oficialmente es la Biblia de todas las denominaciones principales. Todavía no ha llegado hasta aquí, pero está llegando. Un crítico de esa versión —y pensé que era uno de los comentarios más ingeniosos e inteligentes que había escuchado— dijo: "El diablo debe estar riéndose a carcajadas". Eso no es solo una broma, porque en la versión inclusivista el diablo sigue siendo masculino, lo que más bien delata el juego, ¿no?

Una carga por los hombres

Un servicio matutino de la BBC se dedicó a orar a la "Madre" en el cielo. Les escribí una carta y recibí la respuesta de la BBC: "Hemos tenido muy pocas objeciones, y tenemos que reflejar las tendencias actuales en nuestros servicios religiosos".

Podría llevarlo a una catedral anglicana donde han instalado un nuevo crucifijo sobre el altar mayor. Es de tamaño natural y en él la figura que pretende ser una imagen de Cristo está totalmente desnuda. La humillación de la crucifixión incluía la desnudez, pero la iglesia de la Edad Media no quería que la gente supiera que Jesús estaba circuncidado y era judío. Esa es otra historia. En este crucifijo en particular, la figura crucificada se representa como femenina. Los hombres me han dicho que a menudo han tenido problemas con pensamientos erróneos cuando vienen a comulgar. Parece como si el diablo intentara robar la santidad de la comunión poniendo pensamientos erróneos en su mente. ¿Se imagina inclinarse frente a una figura femenina desnuda cuando toma el pan y el vino? Esto está pasando, y si no se da cuenta, abra los ojos. La absoluta confusión entre hombre y mujer se ha extendido hasta la iglesia ahora, y tenemos que afrontarla desde adentro. Toda la cuestión de la ordenación de mujeres era simplemente la punta del iceberg. Entonces predije que la próxima decisión sería la ordenación de homosexuales, y no les voy a decir lo que predigo que seguirá a eso. Todo es parte de un movimiento en el que la iglesia está aceptando el espíritu de la época en lugar de pedir al Espíritu Santo que sea su líder.

Creo que usted tiene la carga. Nuestra sociedad necesita familias fuertes y una iglesia fuerte, y ambas necesitan hombres fuertes. Un obispo ha escrito un pequeño poema que citaré para concluir: "Donde la guerra es más feroz, en los campos de batalla de la vida, allí encontrarás al soldado cristiano, representado por su esposa". Tiene algo. En el próximo capítulo quiero hablar sobre las diferencias entre hombre y mujer que Dios hizo y planeó. He descubierto que los hombres no saben la diferencia entre hombres y mujeres. ¿No es sorprendente?

Capítulo 2

MASCULINO Y FEMENINO

Sabemos que dice al principio de la Biblia que Dios nos hizo varón y mujer. Él nos hizo diferentes. Somos de igual valor ante él, igual dignidad ante él, igual estatus, pero somos diferentes. y son esas diferencias las que debemos comprender, no solo si queremos cumplir con nuestro propio papel y responsabilidad, sino también si queremos apreciar al otro género. Apreciar a las mujeres, lo que ellas pueden hacer y lo que los hombres no pueden, así como lo que los hombres pueden hacer y lo que ellas no pueden hacer. Dios nos hizo complementarios, no solo dentro del matrimonio sino dentro de la sociedad en general. Tenemos diferentes contribuciones que hacer, las cuales son necesarias, y nos necesitamos unos a otros. Quiero empezar con la diferencia física entre hombres y mujeres. ¿Sabía cuál es? Ya sabe algo. ¿Cuándo se enteró por primera vez?

Todos descubrimos estas diferencias, ya sea detrás del cobertizo para bicicletas en la escuela o de muchas maneras divertidas, no siempre por nuestros padres, pero notamos la diferencia, y la más obvia, por supuesto, es la diferencia entre nuestros órganos reproductivos. Esa misma diferencia apunta a una diferencia básica y fundamental en el conjunto de nuestra personalidad. Está bastante claro por la forma en que estamos hechos físicamente que el hombre debe tomar la iniciativa. Es él quien penetra a la mujer y el cuerpo de ella está hecha para responder a su iniciativa. Él da el primer paso y ella responde: su cuerpo lo hace, pero no solo su cuerpo, sino que su mente y su espíritu responderán a la iniciativa masculina. Ella está hecha de esa manera.

Incluso dentro del útero, después del coito, es el espermatozoide masculino el que toma la iniciativa y nada hasta encontrar el óvulo femenino. En cierto sentido, el macho es activo en esa concepción y la hembra es pasiva. No totalmente pasiva, porque tan pronto como el espermatozoide entra en el óvulo hay una respuesta inmediata. Pero todo ese sistema reproductivo con el que estamos demasiado familiarizados nos dice que el varón es responsable y la mujer responde. Ésa es la esencia de la diferencia básica entre ellos.

Por eso escribí el libro *El liderazgo es masculino*. Probablemente fue el libro más conocido y menos leído de 1988. Fui muy atacado por escribir ese libro. Recibí cientos de cartas de agradecimiento por ello, y cada una era de una mujer. Descubrí que la mayoría de las mujeres anhelan que los hombres tomen la iniciativa. Quieren que su hombre sea fuerte. Quieren que su hombre sea responsable y tome decisiones, la mayoría de ellas.

Hay algunas feministas muy fuertes que no están de acuerdo con eso, pero cuando hago esa afirmación en un ambiente de mujeres, la respuesta es muy positiva. La primera vez que hablé sobre este tema fue en Dusseldorf, Alemania, en la convención europea de mujeres Aglow. Yo era el único hombre en un salón de cientos de mujeres. Dije esto y la respuesta fue abrumadora. Muchas me dijeron después: queremos que los hombres sean así, queremos que lideren. Nuestro problema es que no quieren hacerlo. Por eso, el hombre debe ser responsable y la mujer, responder.

Permítame decir algo más ahora: muchos matrimonios se han arruinado durante la luna de miel precisamente porque a los jóvenes no se les ha dicho esta diferencia. En pocas palabras, un hombre puede alcanzar el clímax durante el coito muy rápidamente: un minuto, dos minutos; la mujer promedio tarda de veinte a veinticinco minutos en responder hasta el punto en el que llega al clímax y experimenta el placer. Hay muchos hombres que están arruinando sus matrimonios al no ser lo suficientemente responsables como para contenerse hasta que sus esposas puedan unirse a ellos en lo que Dios diseñó para que fuera uno de los placeres más exquisitos de la tierra. Puede ver lo que estoy diciendo: incluso en el coito el hombre necesita ejercer responsabilidad. De lo contrario, su mujer no disfrutará y no tardará en llegar a casa y encontrar una notita sobre la mesa de la cocina: "Tus zapatillas están en la nevera y tu cena en el perro y me he ido a la cama con dolor de cabeza". Ese tipo de reacción está diciendo: "No lo voy a tolerar. No es un placer para mí", y Dios quería que fuera un placer. Pero no lo será si el hombre no asume en ello la responsabilidad hacia su esposa. Le diré esto: las parejas que han aprendido eso, a compartir ese placer juntos en el mismo momento, han encontrado uno de los mayores secretos para permanecer juntos. Todo el mundo es consciente de esas diferencias, espero, pero hay muchas otras diferencias físicas de las que no somos conscientes hasta que se señalan.

Por ejemplo, nuestra estructura ósea: nuestro esqueleto es muy diferente. Por eso un científico forense, después de desenterrar un esqueleto que ha estado enterrado durante veinte años o mucho, mucho más (incluso una momia egipcia), puede decir con confianza si es una mujer o un hombre, porque los huesos son diferentes. Los huesos del hombre son más gruesos, más fuertes y, en conjunto, más ásperos que los delicados huesos de una mujer. Nuestros músculos son muy diferentes. Los músculos de un hombre están diseñados principalmente para empujar y tirar, ese tipo de movimiento. "Estriados" es el término técnico para los músculos de un hombre. Los músculos de una mujer están diseñados principalmente para cargar, particularmente en la región pélvica, pero en todo el cuerpo. Me he sorprendido cuando he ido a naciones africanas u otros países al ver las cargas que las mujeres pueden llevar sobre sus cabezas manteniendo la espalda recta. Pueden transportar cargas inmensas. Mi esposa puede levantar cosas mucho más pesadas que yo. Pero para empujar y tirar, no; por lo tanto, si tiene que arrancar el auto empujándolo, lo empuja y hace que su esposa conduzca. Pero debe decirle qué hacer. Usted es mucho mejor empujando y tirando, y ella es mejor cargando.

HOMBRES PARA DIOS

Leí sobre un escocés en las Hébridas que terminó en el hospital con una doble rotura. Cuando el médico le preguntó qué había estado haciendo para tener esto, dijo: "Estaba levantando una caja pesada sobre la espalda de mi esposa". En realidad, hay una verdad en eso. Nuestros huesos son diferentes, nuestros músculos son diferentes, nuestra grasa es diferente. Está dispuesta de otra forma. Todos sabemos adónde va en un hombre. Estaba hablando con un hombre con una enorme barriga cervecera y me dijo: "Está bien, la grasa pertenece al Señor y todo está pagado", pero es ahí donde va para nosotros. Sabe que está en la mediana edad cuando su edad se muestra alrededor del medio del cuerpo. Más que eso, nuestra piel es diferente y este es un punto práctico muy importante. En la piel de las mujeres, las terminaciones nerviosas están mucho más cerca de la superficie que en la nuestra. Nuestra piel es más dura, menos sensible; la de ella es mucho más sensible. Un hecho sorprendente, sin embargo, es que mi esposa puede levantar platos mucho más calientes que yo, lo que parece ir en contra de eso, pero sin embargo es cierto que su piel es mucho más sensible que la mía y la implicación práctica de esto es la siguiente: El hombre puede recibir un mensaje sexual solo de la piel de ciertas partes de su cuerpo, no de todo su cuerpo. Una mujer puede recibir un mensaje sexual desde cualquier parte de su piel. El tacto le hace mucho más a una mujer que a un hombre.

La implicación práctica de esto es que, primero, su esposa necesita ser tocada. Una de las formas en que puede demostrarle que la ama es tocarla, y ella capta el mensaje. Muchos hombres no hacen eso, mantienen sus manos alejadas de sus esposas, y ellas no captan el mensaje. Quiero que imagine a un marido y una mujer, y la esposa dice: "¿Aún me amas?".

"Por supuesto que sí". Ésta es la conversación romántica, ¿entiende?

"Pero nunca lo dices".

"No debería ser necesario, después de todos estos años. Me he quedado contigo, ¿no?".

Esta es la forma de lograr la excitación de una esposa y lograr que responda. Un toque, un abrazo habría hecho innecesaria esa conversación. Sin embargo, decir que su esposa necesita que la toquen significa tener cuidado al tocar a otras mujeres. Ahora hemos entrado en una nueva fase de la vida de la iglesia donde hay mucho comunión de "abrazos y besos", y necesitamos aprender la diferencia entre un beso y un beso santo. ¿Sabe usted la diferencia? Dos minutos. A veces me quedo en la puerta de la iglesia y observo al pastor, y he notado que algunos pastores dan abrazos y besos encantadores a todas las esposas jóvenes y bonitas, pero los queridos jubilados que han perdido su atractivo reciben un buen apretón de manos. Tocar es importante. La piel es mucho más sensible en una mujer.

Nuestra mortalidad es muy diferente. Los hombres somos débiles: el sexo más débil en ambos extremos de la vida. De bebés somos los más débiles; de viejos, somos los más débiles. Por eso hay muchas más viudas que viudos. En el momento del nacimiento, la tasa de mortalidad es de 106 hombres por 100 mujeres. Así que incluso al nacer somos más propensos a perecer. La proporción no se iguala hasta los cuatro años. En el otro extremo de la vida, todo gira en sentido contrario e incluso más, y mi esperanza de vida promedio es mucho menor que la de mi esposa, como le dirá cualquier compañía de seguros. Somos más débiles en ambos extremos de la vida, pero más fuertes en el medio. Esa es una diferencia que es biológica.

Consideremos los senos por un momento. ¿Cuál es su significado más allá del obvio de la alimentación de un bebé? Para ello tenemos que recurrir al Cantar de los Cantares de la Biblia, donde en el capítulo 1 la joven dice sobre un joven: "Mi amante está acurrucado entre mis dos pechos". No mi bebé sino mi amante.

Allí está en la Palabra de Dios, y leí un comentario sobre ese libro que decía que los dos pechos simbolizaban el Antiguo y el Nuevo Testamento. Pensé: "¡Socorro!". Eso pone al hombre de los Apócrifos para empezar, pero desarrollé un complejo de culpa. Pensé: "Debo ser un anciano muy carnal porque cuando leo ese versículo no pienso en el Antiguo y el Nuevo Testamento. ¿Debería confesarlo?". Me emocioné cuando descubrí que el Cantar de los Cantares no estaba escrito en código, no es una alegoría sino una simple analogía del amor entre un joven y una joven, una analogía del amor que podemos tener con el Señor. Cuando el Señor dice dos pechos, se refiere a dos pechos. Cuando dice granadas se refiere a granadas. El Señor quiere decir lo que dice. Fui liberado y allí, en el centro de la Biblia, está esta canción de amor erótica. No tiene nada sobre Dios, nada sobre el cielo, nada sobre la salvación; no hay nada "espiritual" en él en absoluto. Se trata del amor entre un joven y una joven. Es la manera en que Dios dice: "Yo hice eso. Tuve esa intención". Por lo tanto, en la especie humana los pechos sirven para la comodidad de los adultos así como para la alimentación de los bebés. Son para el consuelo y el compañerismo con alguien del otro sexo dentro del matrimonio.

La sangre es diferente, las hormonas son diferentes, el sistema nervioso es diferente, los cerebros son diferentes. No voy a entrar en todas estas diferencias ahora, pero quería retomar el tema del cerebro y pasar a las diferencias psicológicas, que es aún más importante que los hombres se den cuenta, especialmente dentro de una relación cercana del matrimonio. Si no se da cuenta de las diferencias de pensamiento y sentimiento, entonces está expuesto a juzgar a su esposa por su cuenta y a malinterpretarla profundamente, y esto se vuelve frustrante para la esposa. Ahora veamos estas diferencias psicológicas.

Nuestro cerebro está en dos hemisferios. Tiene dos partes. Estoy seguro de que habrá visto imágenes del cerebro, claramente en dos lóbulos. Los hombres usan principalmente un lado y las mujeres el otro. Hoy hay un movimiento para persuadirnos a cada uno de nosotros a utilizar más al otro lado. Por ejemplo, las clases de arte, dibujar con el otro lado del cerebro, es un curso que mi esposa tomó una vez. Fue fascinante que tuviera que luchar para usar el otro lado de su cerebro para dibujar el lado que un hombre normalmente usaría para la perspectiva y las tres dimensiones, pero que ella no. En general, un hombre confía mucho más en su intelecto que una mujer, donde ella confiará en su intuición. Nuevamente, son lados diferentes del cerebro.

Tomemos una de las diferencias más obvias: el lenguaje está en el lado del cerebro de las mujeres. La lingüística es mucho más fácil para una mujer que para un hombre. O, para decirlo de manera muy simple, a un hombre le resultará mucho más difícil expresar con palabras sus pensamientos y sentimientos que a su esposa. Una esposa puede hablar inmediatamente sobre sus tensiones, sentimientos y pensamientos más íntimos; los puede volcar. Un hombre casi se queda sin palabras cuando se le pregunta: "¿Cuál es tu mayor temor? ¿Cuál es tu mayor tentación?". No sabrá cómo decirlo. Esto tiene un efecto profundo en que a ella le resulta más fácil comunicarse con él que a él con ella. Probablemente la ruptura de la comunicación sea responsable de más rupturas matrimoniales que casi cualquier otra cosa. También afecta la vida de la iglesia. Cuando hay un tiempo abierto de oración en tu iglesia, ¿quién ora primero: un hombre o una mujer? ¿Quién ora más, los hombres o las mujeres? Compruébelo la próxima vez. Muchas parejas cristianas saben que deberían orar juntas, pero no lo hacen. La razón es que lo intentaron y fracasaron porque ella simplemente derramó su corazón, oración tras oración, y siguió adelante, y él, después de unas cuantas frases, se queda atascado y no sabe qué decir a continuación. Tenemos que aprender a orar en voz alta. No es algo natural. Por eso la mayoría de traductores e intérpretes en lugares como Bruselas y las Naciones Unidas son mujeres. Pueden manejar dos idiomas a la vez: este es su don. Es su lado del cerebro. Los hombres pueden desarrollar el habla, pero no siempre es algo que les resulta natural.

¿Alguna vez ha notado con qué frecuencia, cuando una pareja es entrevistada en televisión después de algún desastre doméstico, el marido se sienta en silencio mientras su esposa es la única que habla ante la cámara? ¿Sabe que es tan antiguo como el jardín del Edén? No sé si se da cuenta de que cuando Satanás habló a Eva, Adán estaba parado allí. Satanás nunca se dirigió a él y Adán nunca se dirigió a Satanás. Dejó que su esposa hablara sola, y ahí es donde todo salió mal porque ella citó erróneamente la Palabra de Dios que le había sido dicha a Adán. Ella se equivocó y él debería haberla corregido inmediatamente y haber dicho que Dios no dijo eso. Por ejemplo, Satanás le dijo a Eva: "¿Te ha dicho Dios que no comas nada del fruto de los árboles del jardín?". Eso no era lo que Dios había dicho, y Adán debería haber entrado de inmediato y haber dicho: "Estás equivocado", pero Adán simplemente se quedó allí sin decir nada y permitió que Eva fuera engañada, llevada a una conversación que ella no podía manejar, en una situación que no pudo resistir. No dijo ni hizo nada, razón por la cual, en el resto de la Biblia, no se culpa a Eva por el primer pecado en la tierra. Adán es responsabilizado y él era el responsable.

Esto es algo con lo que tenemos que luchar; es por eso que en un grupo de discipulado de hombres necesitamos aprender a orar en voz alta, a expresar nuestros pensamientos, a sacarlos fuera, a compartir unos con otros cómo nos sentimos, con qué estamos luchando. Es una gran barrera y solo podrá superarse dentro de una fraternidad exclusivamente masculina. He aprendido que no se puede discipular a hombres en un grupo mixto. Los hombres nunca se abrirán sobre sus miedos, problemas y dudas más íntimos delante de sus esposas e hijos. Quieren que su familia vea una imagen fuerte de un hombre que puede manejar la vida, que es correcto. Ese hombre necesita una fraternidad donde pueda expresarlo y compartirlo; no es algo natural.

Por supuesto, cuando un hombre es bautizado en el Espíritu Santo y lleno del Espíritu Santo, una de las primeras cosas que sucede es que es liberado en el habla, y la mayoría de los dones del Espíritu son dones del habla: palabra de sabiduría, palabra de ciencia, palabra de profecía, palabra de lenguas, palabra de interpretación. La mayoría de los dones que Dios usa para hacer el bien en este mundo son dones de palabra. De hecho, creó todo el universo con una palabra. Pero si nosotros, los hombres, sufrimos de trismo y la iglesia está llena de santos masculinos silenciosos, entonces el mundo sufrirá e incluso la iglesia estará perdida. Los hombres necesitan ser liberados en el habla.

No es algo natural, pero puedo decirles que cuando comencé a predicar en la iglesia estaba tan nervioso que bebí cada vaso de agua en cada púlpito. A veces era un estudio interesante sobre la vida en los estanques, ¡después del cual tuve diarrea durante días! De vez en cuando sufrí de nervios, pero tuve que aprender a usar el otro lado del cerebro, y el Espíritu me ha permitido hacerlo.

Veamos algunas de las otras diferencias simples. Un hombre puede pensar en términos abstractos, pero muchas mujeres piensan en términos concretos. El hombre piensa en la teoría, pero ella es muy práctica y dirá: "¿Cómo funciona?". Ella piensa en términos pragmáticos. Un hombre puede hablar de cosas sin cesar, mientras que al mismo tiempo su esposa estará hablando de personas. Un grupo de hombres en un extremo de la sala hablarán de motos o fútbol, mientras que un grupo de mujeres en el otro extremo hablarán de los hombres del otro extremo de la sala. Su interés está en las personas.

Cuando fui a Australia pensé que iba a un país de hombres e hice un descubrimiento sorprendente. En Australia los hombres solo son hombres cuando están entre hombres. Ya sea en el bar o donde sea, en el fútbol, son hombres entre hombres. Pero cuando se encuentran entre mujeres se convierten en ratones. Cuando mi esposa estaba conmigo y fuimos a un evento social, en cinco minutos todos los hombres estaban en un extremo de la habitación y las mujeres en el otro y nunca más se volvieron a encontrar. Ella no lo podía manejar en absoluto. La compañía mixta era una situación en la que los hombres apretaban los labios y permanecían en total silencio. Por lo tanto, en los hogares y en las iglesias eran las mujeres quienes tomaban la iniciativa en todo momento. Ellas alzaban la voz.

Le dije a un sociólogo: "Este país es el más matriarcal en el que he estado, sin excluir a los Estados Unidos. Las mujeres dirigen el hogar y la iglesia".

Respondió: "Sí. Incluso hemos acuñado una palabra especial para los hombres australianos, 'Matridoxy'".

Pregunté: "¿Por qué? ¿Qué hay detrás de esto?".

Dijo: "Es el hecho de que Australia era una colonia penal. Nueva Zelanda no. En realidad, Nueva Zelanda era un asentamiento cristiano, de ahí el nombre "Christchurch", pero Australia era una prisión. En las primeras décadas había diecinueve hombres por cada mujer, y probablemente ella era una prostituta. No había relaciones sociales normales y los hombres no tuvieron la oportunidad de desarrollar relaciones sociales normales con las mujeres, y esa sombra todavía los cubre".

En una visita dije: "Por favor, que todas las reuniones sean solo para hombres. Tengo una carga por los hombres de Australia". Cuando bajé del Jumbo, el hombre que había organizado la visita dijo: "Lo siento mucho, David, pero solo una reunión en cada lugar es para hombres".

"Pero ¿por qué? No dije que fuera una preferencia personal sino creo que Dios me dio la carga de venir a Australia por los hombres".

Respondió: "Bueno, las mujeres no lo tolerarían". El primer lugar al que fui quedará sin nombre. La reunión de hombres fue la primera noche: mil hombres, y la pasamos muy bien. La noche siguiente fue mixta y, tan pronto como terminó, una señora se me acercó y me dijo: "Señor Pawson, tengo algunas preguntas sobre lo que dijo anoche".

"Pero no estuvo aquí anoche", respondí.

Ella dijo: "No, pero tengo algunas preguntas sobre lo que dijo".

"¿Cómo sabe lo que dije anoche?".

La obligué a contarme. Cuando su marido llegó a casa, lo

arrinconó contra la pared de la cocina y le dijo: "¿Qué les dijo?" y había exigido saberlo todo, que cuente la verdad antes de comer la tostada con frijoles. Eso fue todo. Nos ocupamos de ella y otra señora grande se adelantó con un hombre pequeño un metro detrás de ella. Ella dijo: "Mi marido tiene una pregunta sobre lo que dijo anoche".

Pensé: "¿Qué está pasando?" y dije: "¿Es su marido el que está detrás de usted?".

"Sí. Ésta es su pregunta".

Literalmente la empujé fuera del camino y lo tiré hacia adelante por la solapa, y le dije: "Puede preguntármelo usted mismo. ¿Cuál es su pregunta?".

Dijo: "¿Puede una mujer ser anciana en la iglesia?".

Le pregunté: "¿Por qué? ¿Ella es anciana? ¿Es ella también una anciana en casa?". Sus ojos giraban como una máquina tragamonedas.

Quizás se ría de él, pero le digo que hay muchísimos matrimonios así. Es que ese hombre se había casado con su "madre". No me refiero a su madre física. Quiero decir que cuando se fue de casa y dejó a su madre, buscó una esposa que fuera su madre, una madre sustituta. De hecho, si ella hubiera estado hablando así de su hijo, ni siquiera lo habría considerado inadecuado. ¿Usted? Si él hubiera sido su hijo pequeño y ella hubiera venido y hubiera dicho: "Mi hijo tiene una pregunta sobre lo que dijo", ¿habría pensado que era extraño? No. Me dijo que en su matrimonio ella era como su madre. Probablemente él lo quería así al principio, pero ahora estaba descubriendo que eso no era lo que hace un buen matrimonio. Ahora bien, es agradable que nos cuiden cuando estamos enfermos o cansados, pero si eso es toda la relación, no es un matrimonio cristiano. Ella es su esposa, no su madre. Por eso una de las cosas más difíciles que podría decirle a su esposa es: "No haces pudín de Yorkshire como solía hacerlo mi madre". Está haciendo una comparación entre ella y la madre de usted, lo cual no es la comparación correcta.

Estamos pensando en la diferencia entre hombres y mujeres y aprendiendo sobre nuestros roles y responsabilidades. Tomemos entonces algunas otras diferencias. En música, los hombres componen y las mujeres arreglan. Descubrirá que los hombres componen la mayor parte de la música, aunque las mujeres han sido libres durante siglos de escribir música, pero son los hombres quienes lo hacen. Las mujeres son buenas arreglando la música una vez compuesta. O tomemos las matemáticas: muchos hombres encuentran las matemáticas comparativamente fáciles. A muchas mujeres les resulta mucho más difícil.

Tomemos como ejemplo el ajedrez: hay unos cincuenta y cuatro maestros mundiales de ajedrez y unos quinientos campeones. Puede contar las mujeres de ambos grupos con una mano. El ajedrez es un juego de hombres porque requiere pensar mucho y trabajar mentalmente. Es esencialmente un juego masculino. Tomemos algunos otros ejemplos. A los hombres les gusta abordar cosas grandes; las mujeres pueden cuidar las pequeñas cosas. ¿Tiene su esposa una lista de pequeños trabajos esperando ser hechos? ¿O es incluso una gran lista de pequeños trabajos esperando ser realizados? Permítanme tener una conversación imaginaria: Esposa: "El grifo de la cocina gotea". Esposo: "Bueno, ten paciencia; Sabes que te voy a construir una nueva cocina. He elegido los armarios, lo tengo todo previsto. Dame tiempo y obtendrás una cocina completamente nueva".

"Pero solo quiero solucionar el problema del grifo que gotea".

Ese es un detalle demasiado pequeño para los hombres. Queremos algo grande. "Hay algunas malas hierbas en el macizo de flores que es necesario extraer".

"Mira, estoy planeando una rocalla y un estanque para allí y lo haré construir en poco tiempo. Espera".

Es que nosotros abordamos grandes desafíos; el detalle no es tan fácil de encarar.

Permítame abordar algunas de las diferencias mucho más fundamentales. El gran debate en todo esto, por cierto, es si esto es condicionado o constitucional. ¿Nacemos con estas diferencias o nos las impone nuestra educación?

La respuesta del humanista es decir constantemente que estas diferencias son puramente resultado del medio ambiente y la educación. Es la forma en que educamos a los niños y las niñas lo que marca la diferencia. Si cambiamos todo eso, entonces podremos producir personas que sean neutrales en estos aspectos y no diferentes. En realidad, la investigación moderna va en la dirección opuesta y dice que estas diferencias nacen en nosotros. Por ejemplo, si ponemos a un niño y una niña pequeños a dibujar y les decimos que pueden dibujar lo que quieran, del niño podemos esperar algo mecánico y la niña generalmente dibujará algo doméstico. A los cuatro o cinco meses, una niña puede reconocer a una persona en una fotografía. Un niño tardará muchos meses más, pero responderá inmediatamente a un juguete mecánico a los cinco meses.

Hay muchas otras diferencias. Si desea estudiar todo esto, puede comprar un librito fascinante que mi esposa ha leído y se titula: "Por qué los hombres no planchan". Es un título muy inteligente, pero después de leer el libro, mi esposa dijo: "Realmente ahora te entiendo mejor que nunca". Bueno, también debemos entender a las esposas y estas diferencias. Nacen con nosotros. No es la educación ni el entorno lo que marca estas diferencias. La educación recoge las diferencias. Permítanme compartir con ustedes uno de los acontecimientos más graves en nuestra sociedad. No solo nuestras iglesias están cada vez más feminizadas, sino también nuestras escuelas. Todo nuestro sistema educativo durante décadas ha ido cambiando gradualmente hacia una educación femenina. Ahora, de repente, nos damos cuenta del hecho de que los niños están muy por detrás de las niñas en rendimiento académico. Debe haber notado los titulares. ¿Qué llevó a esto? La respuesta es ésta: los niños necesitan competencia para motivarlos a aprender. Los niños necesitan ser competitivos con alguien más, pero la competencia está siendo cada vez más eliminada de la educación. Los exámenes son cada vez más políticamente incorrectos porque la gente los aprueba o los reprueba. Todos deben pasar. Estoy seguro de que usted es consciente de toda esta tendencia, y el resultado es que todo nuestro sistema educativo ahora está fuertemente inclinado a favor de las niñas. Por supuesto, nuestro sistema de empleo también tiene ese peso, porque dos tercios de todos los empleos disponibles ahora son para mujeres. El desempleo ahora se está convirtiendo en un problema masculino.

Podemos considerar las diferencias fundamentales, y aquí hay una. Por un momento olvidemos todas las demás. Un hombre está orientado a objetivos, pero una mujer está orientada a necesidades. Exploremos eso un poco. Un hombre, para alcanzar su potencial, debe tener por delante una meta que no ha alcanzado. Debe tener un propósito que perseguir, incluso al levantarse por la mañana. Debe sentir que tiene algo a lo que aspirar, algo que lograr ese día. Eso es lo que lo motiva. Esta es la razón por la que el desempleo afecta mucho más a los hombres que a las mujeres, porque les impide levantarse por la mañana con una meta. Por eso hay tantas crisis de mediana edad entre los hombres, porque a la edad de cuarenta años la mayoría de los hombres han alcanzado su meta. Los deportistas lo alcanzaron incluso antes.

El problema es: ¿qué buscar ahora? Ha escalado la montaña y ha descubierto que hay poco allí, entonces, ¿cuál es la siguiente montaña? Es entonces cuando muchos hombres se vuelven un poco locos en la crisis de la mediana edad. No tiene nada que ver con las hormonas, es simplemente que un hombre ha alcanzado su objetivo y no sabe a dónde ir a continuación, así que de repente se lanza al océano para navegar alrededor del mundo; cambia a su mujer por otro modelo y vuelve a conducir su coche deportivo, y busca un nuevo objetivo. Los hombres de cuarenta años suelen tener esta crisis porque la mayoría de ellos han llegado tan alto en la escalera a medida que van a llegar a esa edad, y ahora se enfrentan a veinte años más estancados en ese nivel. Sabe que esto sucede y que los hombres necesitan un objetivo por alcanzar. Necesitan un futuro que no han alcanzado.

¡Qué ventaja es ser cristiano, porque tendrá una meta que alcanzar hasta su último aliento! Muchos hombres que se jubilan mueren dos o tres años después porque ya no tienen una meta. Ya no tienen un propósito. Debemos tener una meta, algo a lo que aspirar, por pequeño o remoto que sea. Estamos orientados a objetivos, y esto significa que los hombres viven para el futuro. Vivimos para algo que está por delante, no para el ahora; vivimos para el "entonces" y tenemos que tener algo en el "entonces" que nos mantenga avanzando para alcanzarlo, y nos fijamos todo tipo de objetivos —políticos, comerciales, situación financiera—, pero lo intentamos, y eso es lo que hace que los hombres sigan adelante. Las mujeres no necesitan eso en absoluto, y no deberíamos esperar que lo hagan.

Las mujeres están orientadas a las necesidades y se sienten más satisfechas cuando satisfacen una necesidad inmediata. Incluso simplemente decir en una crisis "voy a poner la pava" hace algo por una mujer. La ayuda a afrontar la crisis. Un hombre se quedará allí y pensará en las consecuencias de todo esto y "¿Qué va a significar todo esto?" mientras que ella dice "¿Qué puedo hacer ahora para satisfacer esta necesidad?". Las mujeres desempleadas normalmente pueden encontrar necesidades que aún pueden satisfacer, incluso de forma voluntaria, sin recibir remuneración. Los hombres sin meta están perdidos. Sienten que no valen nada, que la sociedad no los valora. Que se les pague o no una prestación de seguridad social adecuada no viene al caso. Se les ha despojado de su razón fundamental de existencia, pero las mujeres, al estar orientadas a las necesidades, viven en el presente. Suelen no pensar demasiado en el futuro. Piensan en el ahora.

Para ilustrar esto de una manera humorística, esta es la única crítica que escuchará de mi esposa. Es cuando entramos en territorio desconocido en el auto y yo conduzco y ella navega. ¿Estoy tocando una fibra sensible? Ella responde a la situación inmediata mientras yo pienso en el futuro. A menudo, si tengo tiempo, saco un atlas de carreteras y sigo mi viaje y todos los números de las carreteras, y sé cuándo debo buscar la A429 y la A2. Pienso en el futuro todo el tiempo.

Mi esposa se sienta a mi lado y dice: "Deberíamos haber girado a la izquierda en el último cruce"; o en medio del semáforo: "Gira rápidamente a la derecha", no importa el tráfico que haya alrededor, ¡crisis! Le sigo diciendo: "Mira el mapa y cuenta el número de rotondas que tenemos que pasar antes de llegar a esa". O "Simplemente fíjate cuándo tenemos que girar". Pero no, ella se sienta en el presente y responde al presente todo el tiempo. Es solo una ilustración. Necesito entender que para ella planificar una ruta en un mapa de ruta es todo un ejercicio. Ella tiene que usar el otro lado de su cerebro y yo estoy empezando a educarme un poco en esto, y ella está mejorando. Espero estar mejorando como conductor también.

La otra gran diferencia es que un hombre puede dividirse en partes. Una mujer siempre actuará como un todo. No le gusta una vida compartimentada. Quiere que toda la vida sea una única experiencia integrada. Es por eso que una mujer que sale a trabajar toma fotografías de su familia para mostrárselas a otros en el lugar de trabajo, algo que un hombre no suele hacer. Ella quiere que su lugar de trabajo y su hogar estén integrados. Quiere que su gente en el trabajo sepa sobre su vida y la de su familia. Quiere unirlos. Ella está constantemente unificando su vida en una sola.

Un hombre, en cambio, puede vivir cuatro o cinco vidas totalmente diferentes simultáneamente. Puede ser una persona en el trabajo, otra en el club, otra en casa, y estas vidas diferentes nunca se encontrarán. Simplemente se adapta. Noté que algunos hombres son muy tímidos en la iglesia, pero cuando voy a visitarlos al trabajo, y especialmente si usan uniforme, son totalmente diferentes. Son dominantes, son fuertes, están a cargo y, sin embargo, en otra parte de sus vidas son bastante vergonzosos. Somos capaces de adaptarnos, por eso esta es una palabra muy práctica para los hombres. Los hombres pueden estar enamorados de más de una mujer, pero una mujer no puede estar enamorada de más de un hombre. Esta es una diferencia muy importante. Significa que los hombres tenemos tentaciones que las mujeres no tienen.

Un hombre puede lidiar fácilmente con tres mujeres diferentes en su vida y tener una relación completamente diferente con cada una. Puede tener una esposa. Puede tener una amante en el trabajo. Puede visitar a una prostituta por emoción. Puede decir: "Estoy enamorado de todas estas mujeres".

Un día su esposa se entera y le dice: "Ya no me amas".

Él dice: "¿Qué te hace decir eso?".

"Bueno, he oído todo sobre las otras mujeres que amas, así que ya no puedes amarme más".

Él dice: "Pero te amo, te amo", y lo hace con una parte de sí mismo.

Pero es un compartimento, es un tipo de amor, y él siente que necesita otro tipo de amor, así que tiene otra mujer para eso. Esto era común en el Imperio Romano cuando se escribió el Nuevo Testamento. Era normal que un hombre tuviera esposa y concubina y aun así visitara prostitutas. Tenía diferentes tipos de amor en las diferentes situaciones, y dentro de las situaciones las amaba a todas. Es por eso que la mayoría de las palabras en la Biblia sobre la tentación sexual están dirigidas a los hombres.

Por otro lado, una mujer puede amar a un hombre a la vez y, por lo tanto —y aquí hay algo muy importante— si su marido realmente la ama, y ella siente eso, nunca mirará a otro hombre. Puede que tenga amigos, otros hombres, pero no amará a ningún otro hombre si su marido realmente la ama. Entonces, cuando un marido me dice que su esposa se ha ido con otra persona, mi primera pregunta es: "¿Realmente la amabas y ella se daba cuenta? Si fuera así, nunca habría mirado a nadie más". Una esposa no se va a ir con el lechero si su marido realmente la ama; ¡eso no sucede! Pero el marido tiene el problema y he oído a muchas personas, incluso cristianos, justificar el divorcio y volver a casarse porque dicen: "Pero ¿no ves? Me enamoré de otra persona", como si eso justificara la ruptura del matrimonio. Es perfectamente posible enamorarse de otra persona, pero no es correcto decir: "Debo dejar este matrimonio y seguir con esa persona". Esto se debe a que estamos compartimentados. Ésa es a la vez nuestra fuerza y nuestra debilidad. Así como el deseo de una mujer de tener una vida integrada es su fuerza y su debilidad. En pocas palabras, un hombre puede separar sus pensamientos de sus sentimientos, pero una mujer no. Sus pensamientos y sentimientos están totalmente ligados, y es por eso que podemos discutir con un hombre, pero no con una mujer. Si discutimos con un hombre, son pensamientos que cuestionan pensamientos, pero eso no necesariamente afecta los sentimientos que tienes por alguien.

Desde que la Cámara de los Comunes empezó a ser televisada me he sentido avergonzado por la forma en que se insultan unos a otros en toda la Cámara. ¿No es así? Es terrible. Allí la alfombra verde tiene dos franjas rojas, separadas por dos largos de espada, y no deben cruzarlas con el dedo del pie para no llegar a las manos, pero se insultan y se llaman de todo tipo de cosas espantosas, pero esos mismos hombres se encontrarán compartiendo copas en el bar de la Cámara de los Comunes inmediatamente después del debate. Los pensamientos habían estado chocando, y es posible que incluso se sintieran enojados o frustrados por esos pensamientos, pero sus sentimientos mutuos no estaban relacionados.

Por eso a los hombres les resulta más fácil hablar de algo y no romper la relación. La señora Thatcher no era así. Cuando no estaba de acuerdo con un hombre, lo tomaba como algo personal. También lo harán la mayoría de las mujeres porque no está simplemente compartiendo pensamientos, está tocando su personalidad integrada. Está tocando sus sentimientos y, al no estar de acuerdo, también está ofendiendo sus sentimientos. Eso es lo que le ocurrió a la señora Thatcher cuando finalmente el último hombre con el que llegó al gobierno se rebeló. Terminó dos meses después. Había perdido a todos los hombres de su equipo porque se lo tomó como algo muy personal. Eso es algo que debemos entender. Por eso debemos tener cuidado al discutir. Hay dos maneras en que los hombres pueden ganar una discusión con sus esposas. Una es callarse y negarse a seguir hablando, simplemente dejarla desahogarse. Si no hace eso y se queda de mal humor y en silencio, la otra manera es esta. Es cuando el abuso físico entra en el matrimonio, especialmente cuando un hombre siente que verbalmente ella ha ganado la discusión debido a su habilidad lingüística. Ella lo ganó verbalmente para que él pudiera recurrir a callarse o golpear. Éste es un patrón que les resulta demasiado familiar a los trabajadores sociales.

Ahora tengo que señalar que esta diferencia es tanto la fuerza como la debilidad del hombre y la mujer. Me he referido a algunas de las debilidades de la mujer, pero su fuerza es que es fuente de unidad. Las mujeres son mucho mejores que los hombres para unir cosas. Los hombres pueden mantenerlas separadas, pero las mujeres pueden integrar la vida y unir, pueden unir una familia. Una abuela dentro de una familia puede ser una influencia profunda para mantener unida a la familia.

Consideremos ahora la fuerza y la debilidad masculina al poder separar pensamientos y sentimientos. Eso nos coloca en una posición ventajosa para afrontar las cosas objetivamente, mientras que la mujer las va a afrontar subjetivamente. Lo que ella *sienta* será una parte importante de su decisión. Un hombre puede dar un paso atrás, por así decirlo, y dejar sus sentimientos a un lado y decir: "Ahora razonemos esto y veámoslo objetivamente. Veamos qué está bien y qué está mal en esta situación". Mi esposa necesita que haga eso, mientras que necesito la intuición de ella para respaldar mi conclusión. Su intuición funciona mucho más rápido que mi intelecto.

Una vez estábamos asesorando a un vicario y a su esposa,

durante dos horas, y sentí que no estaba más cerca del problema. Mientras nos íbamos, le pregunté a mi esposa: "¿Qué le pasa a esa pareja?". Ella dijo que era obvio. Es un poco irritante, ¿no? Ofendió mi intelecto porque mi intelecto no había captado nada. Ella dijo: "El vicario ama a su iglesia más que a su esposa". Comenté: "Él nunca dijo eso". Ella dijo: "Lo decía cada vez que abría la boca". Pudimos regresar y lidiar con eso. Yo analizaba. Pienso las cosas detenidamente. Llego a una conclusión, y normalmente es una conclusión a la que llegó mi esposa mucho antes.

Es bueno tener su intuición. Por otro lado, hay ocasiones en las que ella fue a escuchar a un predicador y se fue y me dijo: "Fue muy interesante y muy impresionante, pero estaba inquieta y no sé por qué. Mi espíritu no estaba respondiendo a él".

Yo respondo: "Dime qué dijo".

Cuando ella me lo cuenta y lo analizo a la luz de las Escrituras, le digo: "Ahora puedo decirte por qué estabas intranquila". Algo no estaba bien. Ella lo sintió, pero no pudo explicarlo. Un marido y una mujer pueden ser de inmenso valor mutuo si el marido explica las cosas y la esposa las siente. Los dos realmente pueden ser bastante poderosos juntos.

Sin embargo, y aquí llego a algo muy práctico, significa que la disciplina debe estar en manos masculinas. A una mujer le resultará muy difícil disciplinar a los demás porque sus sentimientos se interponen en su camino. Estuve hablando hace algún tiempo en Grays Inn, Londres, donde tienen su sede los abogados. Fue un debate fascinante en el que participé. La pregunta era ésta: "¿Fue Jesús un mentiroso, un lunático o el Señor?".

Estaba realmente preparado para eso. El presidente de la Sociedad Secular Británica afirmó que Jesús era un mentiroso. Un profesor de biología de la Universidad de Londres sostuvo que era un lunático y yo tenía que argumentar que él era el Señor. Había alrededor de 250 abogados allí, así que traté de hacer como un resumen. Quizás le interese la votación al final del debate. Era un cinco por ciento a favor de mentiroso o lunático. El quince por ciento se abstuvo, pero el ochenta por ciento dijo que él debía ser Señor, lo cual fue fascinante. Entre los abogados circulaba una historia, y la historia era que una mujer fue acusada de asesinar a su marido. Todas las pruebas, testigos presenciales y pruebas circunstanciales apuntaban a su culpabilidad. El jurado no pudo llegar a un veredicto unánime, por lo que el juez optó por un veredicto mayoritario y obtuvieron un resultado de once a uno: culpable de asesinato. Los once eran hombres, uno era una mujer. Le preguntaron: "¿Por qué no votó? Era tan evidentemente culpable de asesinar a su marido". A lo que la mujer del jurado responde: "Bueno, lo sentí mucho por ella porque es viuda".

Ahora bien, esto puede parecerles completamente ilógico, pero es los sentimientos de una mujer influyen en su decisión. El chiste tiene un poco de verdad.

Los hombres deben asumir la responsabilidad de la disciplina porque disciplina significa dejar de lado los sentimientos personales y preguntarse si el castigo es merecido o no. Una esposa tiene razón al decirle a un niño que se ha portado mal: espera hasta que tu padre llegue a casa. Debe regresar a casa y asumir la responsabilidad de decidir si ese niño debe ser castigado o no. Por eso es tan difícil para las madres solteras criar adecuadamente a sus hijos. O se vuelven demasiado blandas y dejan que los niños se salgan con la suya en todo, o para compensar al marido se vuelven demasiado estrictas y dominantes. De cualquier manera, he notado que la mayoría de las madres solteras van hacia un extremo o hacia el otro. Les resulta muy difícil ser objetivas acerca del castigo.

Ahora viene el problema para la iglesia: la dimensión que le falta a la iglesia hoy en Inglaterra es la disciplina. Casi nunca se ejerce en la iglesia, y en las iglesias dirigidas por mujeres o que tienen una vicaria nunca se ejerce, porque a una mujer le resulta muy difícil confrontar a una persona con lo que está mal y castigarla si es necesario. En el Nuevo Testamento se nos dice que no debemos juzgar a personas fuera de la iglesia. ¿Cuándo aprenderán eso los cristianos? No debemos juzgar la inmoralidad fuera de la iglesia —ese no es asunto nuestro— pero debemos juzgarla dentro de la iglesia. Sin embargo, la iglesia se ha vuelto muy buena en condenarla afuera y pasarla por alto adentro, porque eso requiere objetividad masculina. Por eso creo que los ancianos de una iglesia deberían ser hombres. Cuando los ancianos son mixtos (o incluso más cuando la mayoría son mujeres, como es el caso ahora en la Iglesia de Escocia), la disciplina desaparece. Es trabajo del hombre discernir el mal, afrontarlo y aplicar disciplina.

La disciplina es parte del cuadro de la iglesia del Nuevo Testamento. No hay duda sobre eso. Hay varios pasos que la iglesia debe tomar cuando un miembro se porta mal y desacredita el evangelio. El paso número uno es acudir en privado a esa persona y decirle: "Estás haciendo algo malo. Nos estás decepcionando. Estás trayendo deshonra a la iglesia y ofensa al evangelio, algo que no deberías haber hecho". Porque el mundo es muy rápido para detectar fallas en los cristianos, créame. Realmente son más rápidos que nosotros. "Él se llama a sí mismo cristiano y, sin embargo, si estudias sus cuentas comerciales encontrarás algo bastante diferente". El mundo se apresura a juzgarnos. Es una de las formas en que Dios nos mantiene en el buen camino: deja que el mundo vea cuando nosotros no lo estamos.

El segundo paso es que si la persona no escucha la represión privada y no se arrepiente y corrige las cosas, entonces tomamos testigos con nosotros, y de la boca de dos o tres testigos, se le dice a la persona. Si todavía no quiere escuchar, el tercer paso es que decírselo a la iglesia —a toda la iglesia— y todos los miembros deben enfrentar a la persona. Si aún así esa persona no toma nota, entonces no tiene otra opción que sacarla de la comunión, excomulgarla.

Jesús nos dijo que hiciéramos esto, pero ¿dónde se está haciendo en este país? Hay un paso final, que es el más difícil de todos, y he estado involucrado en solo una o dos situaciones de este tipo en las que incluso el hecho de ser excluido de la comunión no tiene ningún efecto en un cristiano que se porta mal. Tenemos una última cosa que podemos hacer, una última sanción, y esa sanción es entregarla a Satanás, lo que en realidad significa en la práctica que la estamos poniendo físicamente en manos del diablo para que él pueda hacerle a su cuerpo algo que la hará entrar en razón. Es el último recurso de la disciplina de la iglesia, pero significa que Satanás debe tener libertad para traerle enfermedades o incluso la muerte si eso la salvará en el día del juicio. Lo está haciendo para salvarla, redimirla, volver a encaminarla. Ahora bien, todo eso requiere coraje y convicción.

No es fácil confrontar a la gente. Sin embargo, es parte de la imagen de la iglesia que tenemos en el Nuevo Testamento. He descubierto que a las mujeres les resulta muy difícil hacer eso. Sus sentimientos se interponen en su camino. ¿Puedo reducirlo a lo esencial? He escrito un libro sobre el infierno. Fue uno de los libros más difíciles que he tenido que escribir, pero hace algunos años sentí de repente que había un alejamiento generalizado de la creencia en el infierno, provocado, me temo, por un destacado cristiano evangélico de este país, John Stott, quien admitió abiertamente en forma impresa que no podía aceptar el infierno como un tormento eterno. De repente, todos los demás dijeron que, si él no lo cree, entonces no es necesario que lo hagamos. Incluso los cristianos creyentes en la Biblia de todo el país de repente dejaron de creer en el infierno. En realidad, sospecho que dejaron de hablar de eso años antes y ahora se sintieron aliviados, pero escribí el libro y es un llamado a la enseñanza bíblica sobre el tema. Llamé la atención sobre el hecho notable de que en la Biblia solo la enseña Jesús, nadie más, como si hubiera una sola persona en quien Dios Padre pudiera confiar para darnos la visión correcta.

Me entrevistaron en muchos programas de radio locales de la BBC sobre este libro, y la entrevista siempre comenzaba con la misma pregunta, que se volvía muy aburrida. La pregunta era:

"¿Cómo puede un Dios de amor enviar a alguien al infierno?".

Mi respuesta fue hacerle una pregunta. Eso lo he aprendido de Jesús. La mejor manera de abordar una pregunta es hacer otra. La pelota pasa al otro campo, y mi pregunta fue: "¿De dónde sacó la idea de que Dios era un Dios de amor?".

Esto destrozaba al entrevistador. Tartamudeaba y balbuceaba y decía: "Bueno, ¿no cree todo el mundo eso?".

Le dije: "Vamos, ¿de dónde sacó esa idea de que Dios era un Dios de amor?".

Finalmente decían: "¿No nos dijo eso Jesús?".

Le dije: "Sí, lo hizo, y por eso lo creo, pero él fue quien también nos habló del infierno en términos del mayor horror. Ahora ¿qué va a hacer al respecto? ¿Va a decir que estaba diciendo la verdad cuando dijo que Dios era amor y mintiendo cuando habló del infierno? Eso es muy impreciso, ¿no es así? ¿Cómo sabes cuándo dijo la verdad?".

Normalmente la entrevista terminaba muy rápido, antes de tiempo, pero es sorprendente cuántas personas encuentran difícil creer en el infierno. A medida que la iglesia se ha feminizado cada vez más, el infierno se ha ido. ¿Cuándo fue la última vez que oyó predicar sobre esto? Lo que quiero decir es que, por supuesto, mi esposa conocía este libro. Entraba en un cobertizo del jardín y me enterraba durante dos o tres semanas para escribirlo, y mientras estaba allí ella me alimentaba con valor y café. Ella dijo: "David, aunque creo todo lo que estás escribiendo, yo no podría escribir ese libro".

Dije: "¿Por qué no?".

Ella dijo: "Porque el solo hecho de hablar del infierno me hace pensar en familiares, amigos que van allí o que ya están allí. Se vuelve demasiado, mis sentimientos se vuelven demasiado profundos". Puedo entender eso, porque tuve que llorar por personas, pero tenía que escribir el libro. Es que lo que sucederá en una iglesia feminizada es que solo se predicará la mitad de Dios. Pablo dice: "Considera la bondad y la severidad de Dios". Ese es el panorama completo. Pero en una iglesia feminizada oirá hablar de su bondad, pero no de su severidad. Y la religión transmitida es un ejemplo clásico. Los predicadores de la televisión y la radio saben que la gente puede simplemente desconectarlos si dicen algo que no les gusta. Rara vez se escucha predicar la severidad de Dios en la televisión y la radio, ¿verdad? Servicios transmitidos, cánticos de alabanza, todo se trata de lo amable que es Dios, de lo amoroso que es, de lo útil que es —todo lo cual es cierto— pero si no se predica la severidad, les diré lo que desaparecerá: el temor a Dios irá, y hay tanto temor de Dios en el Nuevo Testamento como en el Antiguo. Volveremos a eso.

Entonces tenemos una situación donde el pueblo de Dios necesita el liderazgo de hombres. Eso es lo que me llevó a escribir el libro *El liderazgo es masculino* y, como mencioné antes y digo en el prefacio de ese libro, primero entregué el material a unas mil quinientas mujeres en Dusseldorf, y al final de esa conferencia una mujer alemana vino a mí. No estaba tensa pero sí bastante severa y dijo: "Bueno, señor Pawson, hemos oído la verdad de usted y la hemos visto en su esposa". Probablemente sea lo más bonito que alguien haya dicho sobre ella. Por supuesto, lo hago en broma, me río y digo: "Yo predico y ella practica; así es como nos las arreglamos juntos", pero sé que debería estar practicando también. La iglesia necesita hombres que apliquen disciplina en la iglesia, que desafíen lo que está sucediendo.

Difícilmente voy a una sola iglesia hoy en día sin encontrar que el adulterio en la iglesia es aceptado y no discutido. Ya sea en su forma más cruda de hombres que han dejado a sus esposas y están viviendo con otra persona, o en su forma respetable: han abandonado a su esposa y se han casado con otra, lo que Jesús llamó adulterio. He tenido más problemas por decir eso públicamente en un período de diez años que por cualquier otra cosa que haya dicho. Causó un disturbio en Spring Harvest y me dijeron que nunca me volverían a invitar porque desafío a los cristianos que han dejado a sus parejas porque prefieren a otra persona, y eso está sucediendo en toda la iglesia: sin oposición, aceptado e incluso hay iglesias que lo bendicen.

He escrito un libro sobre esto porque nuevamente el Señor me ha dado una carga enorme al respecto, y soy consciente de que es lo más sensible y emotivo que puedo decir, porque siempre hay personas en su congregación que están profundamente afectadas, y la mayoría de los predicadores parecen intimidados hasta el punto de no atreverse a citar lo que Jesús dijo sobre ese tema, pero ahí está. Se necesitan hombres que tengan el coraje. ¿Dónde están los hombres que se levantarán airados dentro de la iglesia y dirán que un obispo no debería ser obispo si no cree en el nacimiento virginal o la resurrección corporal? Pero lo dejamos pasar.

Esta es la segunda área en la vida de la iglesia donde se necesitan hombres: el área de la doctrina. Lo que creemos, no solo cómo nos comportamos. Se necesita disciplina en el área del comportamiento, pero en el área de la doctrina he mencionado el tema del infierno y la severidad de Dios. Se necesitan hombres para predicar eso. He estado predicando mucho sobre el infierno porque nadie más parece estar haciéndolo. Cuesta mucho enseñarlo. Sin embargo, la respuesta que he recibido es ésta: carta tras carta diciendo: "Esto me ha devuelto el temor del Señor". Encuentro que la gente que no cree en el infierno no teme al Señor. Parece ir de la mano.

Es básicamente una elección, el hecho de que Dios es nuestro Juez. Recurrí a mi Biblia para escribir el libro *El liderazgo es masculino* y en una librería cristiana lo vendían en bolsas de papel marrón debajo del mostrador, ¡como si fuera pornográfico o algo así! Todas las reacciones negativas que he tenido han sido de gente que no lo leyó, que simplemente asumieron por el título que yo era un cerdo chauvinista pasado de moda, pero quienes lo leyeron llegaron a una opinión diferente. Esto no menosprecia a las mujeres en absoluto; pone a los hombres cara a cara con su *responsabilidad*.

Cuando miramos la Biblia, vemos que los hombres no tienen el "derecho" sino la responsabilidad de liderar. Desde el principio: Génesis 2 dice tres cosas sobre Adán y Eva. Dice que Eva fue hecha después de Adán, Eva fue hecha de Adán y Eva fue hecha para Adán. Y cada una de esas tres cosas se cita en el Nuevo Testamento, hablando de las relaciones entre hombres y mujeres cristianos. Ella fue hecha después de Adán, lo que significa que él fue el primogénito y, por lo tanto, responsable de ella. Sin embargo, cuando Dios lo desafió sobre lo sucedido y lo desafió a él primero: "Adán, ¿qué has estado haciendo?", Adán echó la culpa a otro; pasó la pelota. Dijo: "Fue esa mujer que me diste". Él la está culpando a ella y a él. Es una declaración increíble. Siempre otro es el responsable de nuestros errores.

Así fue desde el principio, cuando Adán debería haber liderado. Creo que Satanás sabía lo que estaba haciendo cuando apeló a Eva como cabeza de la casa y consiguió que ella tomara la decisión, y que ella tomara la iniciativa, y que ella tomara el fruto y luego se lo diera a su marido. Y él simplemente lo tomó. Satanás había revertido el orden de hombres y mujeres y todavía está tratando de hacer lo mismo. Lo está haciendo en maneras increíbles.

Déjeme decirlo solo una manera. Un hombre vino a verme en Australia muy preocupado. Dijo: "David, te he estado escuchando. Estoy de acuerdo con lo que básicamente estás diciendo y quiero ser el jefe de mi casa. No es que quiera ser dictador, sino que quiero ser líder".

Le dije: "¿Por qué no lo eres?".

Él dijo: "Mi esposa no me deja".

"¿De qué forma te tiene agarrado? Creo que sé. ¿Le has entregado tu virilidad a otra mujer fuera de tu matrimonio?".

"Sí".

Entonces dije: "Por eso te tiene agarrado". Él dijo: "¿Qué quieres decir?".

"Bueno, le diste tu virilidad a otra persona; eso pone culpa en tu conciencia".

Dijo: "Probablemente hayas oído la historia muchas veces.

HOMBRES PARA DIOS

Estaba trabajando hasta tarde en la oficina. Había una secretaria muy atractiva. La conocí en la máquina de café. Éramos los únicos dos en el edificio y puedes adivinar el resto. Empezamos a hablar y ella se mostró mucho más comprensiva que mi esposa con mis problemas. Nos reunimos y terminamos juntos en el suelo. Fue solo una vez. Nunca lo volví a hacer, pero cometí el mayor error de mi vida: se lo conté a mi esposa. Se lo confesé y ella nunca me ha permitido olvidarlo. Cada vez que intento tomar una decisión o tomar la iniciativa, ella me señala y dice: 'No fui yo quien rompió este matrimonio. No fui yo quien fue infiel. Fui fiel a ti', y yo me desmorono completamente".

Es que una conciencia culpable le roba valor moral. No puede defender lo que es correcto cuando tiene algo así de malo en su conciencia, y tuve que persuadirlo firmemente de que cuando Dios perdona, olvida. Es muy importante. "Dios no tiene nada en contra de ti, lo olvida, y un día cuando te enfrentes a Dios y dices: 'Dios, ahora que te enfrento y pienso en eso y me siento tan avergonzado y tan arrepentido', Dios dirá: '¿Hiciste qué? No recuerdo eso'".

¿No es asombroso? "No lo recuerdo. Tus pecados no los recordaré más". Eso es perdón.

Una noche estaba predicando en la iglesia y cuando todos se habían ido a casa había una viejecita sentada en el banco del frente, llorando desconsoladamente, y yo me senté junto a ella, la rodeé con el brazo y le dije: "¿Qué pasa?".

Ella dijo: "Hace treinta años hice la cosa más terrible. Si mi familia lo supiera, nunca volverían a hablarme. Si fueran mis amigos, no tendría amigos. Durante treinta años le he pedido a Dios que me perdone y nunca lo ha hecho".

Le dije: "Pobre alma, él no sabe de lo que estás hablando".

"¿Qué quieres decir?".

Le dije: "La primera vez que le pediste perdón, él te perdonó y se olvidó. No puede recordarlo".

Ella dijo: "No puedes decir eso".

La llevé a través de texto tras texto que dice que cuando Dios perdona, olvida. "Tu problema es que no puedes olvidar. Ya es bastante difícil perdonar a alguien porque no puedes olvidar lo que hizo, pero Dios controla su memoria y puede borrarla. Ese es el verdadero perdón".

Cuando la anciana se dio cuenta de la verdad, se levantó y bailó por toda la iglesia. Estaba saltando de alegría, una señora de unos setenta años o principios de los ochenta, bailando. Ese es el tipo de baile que me gustaría ver en la iglesia. No es el carismático de dos pasos sino algo mucho más real, y ella bailó de alegría ante la liberación. Este hombre no estaba liberado, ya ve, y su esposa seguía echándoselo en cara y tan pronto como ella lo hacía, él se quedaba en silencio, no podía decir nada. Se sentía intimidado por su propia culpa. Lo convencí de que Dios no le tenía rencor y que podía volver a casa y decirle a su esposa: "Mi Dios se ha olvidado de lo que hice y tú también debes olvidarlo". Lo hizo, y eso restauró su autoridad en el hogar, restauró el matrimonio a un modelo cristiano apropiado. Pero, como ve, una de las cosas que la infidelidad en el matrimonio o incluso la fornicación antes del matrimonio puede hacer es robarle a usted su autoridad moral dentro de un matrimonio.

Muchos hombres necesitan que se resuelva ese problema para que puedan tener libertad en su conciencia para decirle a la familia lo que está bien y lo que está mal, sabiendo que la familia no puede reprocharles lo que han hecho. Todos hemos hecho cosas malas, todos hemos pecado, pero es necesario perdonar y solucionarlo para que seamos libres para liderar en el hogar y en la iglesia. En la Biblia —no solo al principio, cuando Adán fue considerado responsable de lo que sucedió en el jardín sino a partir de entonces—, el liderazgo fue masculino en todos los sentidos. Israel fue dirigido por una serie de líderes en tres categorías: primero por los profetas, desde Moisés hasta Samuel; luego por reyes, desde Saúl hasta Sedequías; y luego por los sacerdotes. Fueron dirigidos por profetas, sacerdotes, reyes, todos hombres.

HOMBRES PARA DIOS

Cuando Jesús vino a construir la iglesia, no eligió seis hombres y seis mujeres, como muchos dicen hoy que lo haría si comenzara la iglesia hoy. No lo hizo, y eso no fue porque fuera (como dice la gente) un hijo de su tiempo, que tuvoa que adaptarse a la cultura de la época. Jesús nunca hizo eso. Él desafió a sus enemigos sobre eso. Dijo: "¿Temo a Dios o al hombre? ¿A quién pruebo y complazco?". Guardaron silencio porque sabían que él iría en contra de cualquier tradición, cualquier costumbre cultural que no estuviera en línea con la voluntad de Dios. Pero eligió a doce hombres y, como dice Pablo en 1 Corintios 11, el patrón es muy claro: Dios es la cabeza de Cristo, Cristo es la cabeza del hombre, y el hombre es cabeza de la mujer.

Surge la pregunta "¿Qué ministerio está abierto a las mujeres?". Mi respuesta es que todo ministerio está abierto a las mujeres: evangelístico, pastoral, docente, profético. No es una pregunta de qué ministerio está abierto a las mujeres, sino del ámbito en el que se ejerce. Si eso coloca a esa mujer en una posición de autoridad sobre los hombres, creo que está mal. Por ejemplo, Pablo anima a las mujeres a enseñar y, sin embargo, dijo que no les permitiría enseñar a los hombres, porque eso les da autoridad sobre ellos. Ésa es mi comprensión de las Escrituras: que nosotros, los hombres, debemos tomar la iniciativa en compañía mixta, en la familia y en el hogar. Tomamos la iniciativa; no dictamos: eso es un abuso de liderazgo.

El liderazgo debe ser el que Cristo tiene para la iglesia; es un liderazgo amoroso, sacrificado, considerado y sensible, pero es, no obstante, liderazgo. No le decimos a Cristo qué hacer, Cristo le dice a la iglesia qué hacer. De manera similar, un padre tiene esa responsabilidad dentro del hogar de liderar la familia, no de ser un pequeño dictador. Mi esposa me recuerda constantemente que practique lo que predico. Es bastante incómodo porque siempre estoy predicando y ella sigue recordando algo que dije hace años y dice: "No estás practicando lo que predicas". Lo único que me dice constantemente es: "Estoy más que feliz de tenerte como mi cabeza cuando tienes a Cristo como tuyo". Lo que ella está diciendo es: "Quiero que seas el tipo de cabeza que él es".

Cuando los hombres quieren ser cabeza de familia sin reconocer que ellos también tienen una cabeza, Cristo, es cuando las cosas van mal, y un hombre puede volverse brutal, cruel, un matón dentro de su propia familia, lo cual ciertamente no es la voluntad. de Dios. Así que creo que las mujeres pueden ser parte de equipos apostólicos. Pueden traer mensajes proféticos. Miriam la hermana de Moisés lo hizo. Débora lo hizo. Pueden ser maestras, pastoras, todos los ministerios están abiertos a las mujeres, pero no en una situación en la que ellas tomen autoridad sobre hombres. Para mí, eso se aplica a cada grupo de la iglesia, ya sea uno pequeño como un grupo doméstico o uno grande como toda la iglesia misma. Predigo que dentro de treinta años habrá una mujer arzobispo de Canterbury. No estaré aquí para tragarme el orgullo, pero aun así es inevitable en la tendencia actual.

La gente está encontrando formas de evitarlo. La mayoría de las nuevas comunidades carismáticas saben en lo más profundo de su corazón que la comunidad debe estar bajo el liderazgo de ancianos hombres. Entonces, ¿cómo lo han evitado? No tienen ancianos. Tienen lo que se llama un "equipo de liderazgo", formado por maridos y esposas. En casi todos los casos que conozco, no tienen ninguna mujer en el liderazgo. Ahora bien, para mí esa es la peor discriminación: decir que puedes ser un líder si estás casado pero no si no estás casado. ¿Dónde está la base bíblica para eso? En ningún lugar. Cuando me preguntan "¿Puede una mujer ser anciana?". Mi respuesta es: "Ciertamente, si son marido de una sola mujer, porque esa es la calificación en las Escrituras". Es una respuesta jocosa, pero realmente espera aportar un poco de humor a lo que puede ser una discusión muy tensa.

Esa es mi convicción. No le pido a la gente que esté de acuerdo conmigo. Les pido que lo piensen detenidamente por sí mismos y que lo verifiquen en las Escrituras, porque si somos cristianos, entonces la Biblia es nuestra guía y es vital que la gente no la

discuta a la luz de la cultura o las expectativas contemporáneas.
Me sentí decepcionado cuando un arzobispo de Canterbury, en el punto álgido del debate sobre la ordenación de mujeres, dijo que votaría a favor porque la iglesia debe ser creíble para la sociedad contemporánea. Escuché que la iglesia metodista decidió que no es necesario ser creyente para ser miembro. Uno es libre de unirse a la iglesia incluso si no cree en Jesús porque ellos creen que dentro de cuatro o cinco años como miembro creerá. Esta adaptación a la sociedad es un callejón sin salida.

El mundo desprecia a la iglesia, y la iglesia constantemente se adapta a la sociedad con la esperanza de volverse más real. El mundo respeta (aunque no le guste) los cristianos que son diferentes. ¿Quién tiene el coraje de decir "viviré la vida a la manera de Dios, no a la de todos los demás"? Se necesita coraje para ir contra la corriente. Alguien me escribió recientemente para animarme después de un libro particularmente controvertido que había escrito. Escribió una sola frase: "David, ve con el viento incluso si es contra la corriente".

Pensé: "Voy a vivir según eso". Ir con el viento del Espíritu, aunque eso signifique ir contra la corriente. O, como David, en su lecho de muerte, le dijo a Salomón: "Salomón, sé hombre y guarda los estatutos de Dios".

Capítulo 3

TRABAJO DURO

¿Cuándo fue la última vez que escuchó un sermón sobre el trabajo? La razón por la que no los escucha es que la mayoría de los predicadores no van a trabajar. Hace muchos años, mi hijo dijo: "Seré pastor cuando sea mayor".
Dije: "¿Por qué, Richard?".
Respondió: "Porque solo trabajas los domingos".
Es una impresión muy común. En realidad, en ese momento yo estaba en una jornada de dieciséis horas, pero no "iba" a trabajar y él no me veía ir a trabajar. A la mayoría de los ministros, clérigos y pastores no se les ocurre que una de las mayores necesidades de los hombres de su congregación es escuchar lo que Dios piensa acerca de su trabajo diario, de lunes a viernes.

La iglesia nos ha dejado con una impresión equivocada de que Dios está mucho más interesado en lo que hacemos en la iglesia que en lo que hacemos en la oficina, la fábrica, el taller o donde sea, lo cual es totalmente erróneo. Pasamos alrededor del sesenta por ciento de nuestra vida despiertos en el trabajo. Dos tercios de nuestra vida despiertos, todo eso se desperdiciará en lo que respecta al reino de Dios, a menos que comprendamos lo que Dios piensa de ello. Probablemente dedicamos entre el treinta y el treinta y cinco por ciento de nuestra vida despiertos a preocupaciones familiares, intereses personales, pasatiempos y deportes, y probablemente entre el cinco y el diez por ciento, como máximo, participamos en actividades de la iglesia si somos cristianos entusiastas. Eso significa, según la idea de la mayoría de la gente, que Dios solo está realmente interesado en el cinco o el diez por ciento de nuestra vida, lo cual es absolutamente incorrecto.

La iglesia tiene una lista clasificada de trabajos en términos de valor para Dios o aceptabilidad para Dios. "Misionero" está en lo más alto de la escalera. Uno se hace misionero y es el mejor cristiano de todos. Incluso pondremos su foto en el pórtico de la iglesia y haremos que la gente ore por usted. Luego, "evangelista" viene un poco después, pero sigue siendo bastante alto, especialmente si es alguien como Billy Graham. Los pastores y el clero están un poco más abajo. Después, los médicos y enfermeras son muy valiosos para el Señor. Realmente atienden las necesidades de la gente. Los maestros suelen estar un poco más abajo que eso. Así que cuando llegamos a los taxistas y operadores de computadoras, su trabajo está lo más lejos posible del reino de Dios. ¿Ve lo que quiero decir?

No apruebo esta lista, pero muchas veces, sin darme cuenta, la iglesia está dando esa impresión. Prestamos mucha más atención si es un misionero en África que si es un trabajador de una fábrica en Dagenham. El error de esto estriba en esto: ese trabajador de una fábrica en Dagenham puede estar más en la primera línea del reino de Dios que el misionero en África. No malinterprete lo que estoy diciendo. He visitado a misioneros en el extranjero por quienes la iglesia ora constantemente, que viven en una aldea cristiana con un hospital cristiano y una escuela cristiana, y casi todos en la aldea van a la iglesia. Ese trabajador solitario de la fábrica de Dagenham es el único cristiano en el taller. ¿Quién necesita más oración?

Dios prefiere tener un buen taxista que un mal misionero. No es el trabajo que hacemos lo que interesa a Dios sino cómo hacemos el trabajo que tenemos. Ésa es mucho más su preocupación. Me temo que no transmitimos eso a nuestras congregaciones. Abogué por que una iglesia colocara una fotografía de cada miembro de la iglesia por quien se oraba, con el campo misionero en el que operaban impreso debajo. Por poner un ejemplo, bauticé a un joven llamado Harry Webb. Probablemente lo conozca como Sir Cliff Richard. Le dimos un grupo de oración para apoyarlo en su campo misionero que era el mundo de los medios, el mundo del espectáculo. Ése es uno de los mundos más difíciles para ser cristiano y sufrió ataques terribles. Elegimos personas a las que no les gustaba su música, así que lo veían como un hermano.

Es triste decirlo, pero los peores ataques que sufrió fueron de cristianos. Sabía, por ejemplo, que en las horas de máxima audiencia él en realidad estaba cambiando programas familiares, repasando el guion con un lápiz azul y recortando todo lo que no podía aceptar como cristiano. Estaba prácticamente censurando un programa familiar importante y manteniéndolo saludable para los niños. Sin embargo, recibió cartas de cristianos: "¿Qué estás haciendo en un programa tan mundano?". Necesitaba apoyo; estaba justo en la primera línea.

Ahora bien, todo cristiano está en la primera línea, sea cual sea el trabajo que tenga. Los únicos trabajos que no son cristianos son las ocupaciones inmorales o ilegales. Todo lo demás es sagrado para Dios, y no soporto que los cristianos me digan "tengo un trabajo secular". Los corrijo inmediatamente.

Estaba sentado junto a un joven en la iglesia y le dije: "¿Qué estás haciendo ahora?". Dijo: "He vuelto a tener un trabajo secular".

Le dije: "¿Qué quieres decir?".

"Bueno, ¿sabe que fui misionero en el extranjero? Regresé a casa y tengo un trabajo en ingeniería".

Le pregunté: "¿Por qué llamaste a eso secular?".

Dijo: "Lo es, ¿no?".

Dije: "No hay nada secular excepto el pecado. Estás en una vocación sagrada, y si eres mejor ingeniero que fuiste misionero entonces Dios está más complacido contigo".

No lo creía. Pude verlo en su cara. Se sintió avergonzado y apenado al decirme que había dejado de ser misionero. Veámoslo.

Hay dos actitudes básicas erróneas hacia el trabajo: una es darle poca consideración y la otra es darle demasiada consideración. Quienes dan poca consideración al trabajo son culpables de lo que yo llamo la "inmoralidad del lugar de trabajo". ¿Qué quiero decir con eso? Por inmoralidad en el lugar de trabajo no me refiero a fotografías obscenas alrededor del banco de trabajo. Me refiero a algo mucho más profundo que eso. La inmoralidad del lugar de trabajo es ir a trabajar diciendo: "Haré el menor trabajo posible por la mayor cantidad de dinero posible, y eso es todo". Ésa es una actitud: voy a trabajar para "recibir", no para dar, y "daré" lo menos posible y "recibiré" tanto como sea posible. La ronda anual de demandas es sencilla: menos trabajo, más salario; jornadas más cortas, salarios más altos, una presión constante por esas dos cosas.

Ahora bien, eso es inmoral. "Oh, es solo un trabajo, un mal necesario que tengo que hacer para conseguir dinero para vivir". "Vivir" significa principalmente los fines de semana, o posiblemente noches de la semana. En otras palabras, mi vida real comienza cuando llego a casa del trabajo. En las conversaciones en el lugar de trabajo encuentro que el fin de semana ocupa un lugar destacado: "¿Qué vas a hacer el fin de semana?". Luego, el lunes: "¿Qué hiciste el fin de semana?". Viven para el fin de semana. Hay más faltas por enfermedad los lunes y viernes que los martes, miércoles y jueves juntos. ¿Por qué? Porque extiende el fin de semana. El lunes o el viernes, los dos días de enfermedad con mayor número de ausencias, nos da un día extra antes de comenzar el fin de semana o pasamos el fin de semana de tal manera que, lejos de ser recreación, nos ha dejado no aptos para ir a trabajar el lunes por la mañana.

Si va a trabajar para obtener todo lo que pueda y dar lo menos posible a cambio, no pasará mucho tiempo antes de que esa actitud inmoral lo lleve a hacer cosas inmorales. Esto conduce, por ejemplo, al hurto. La Biblia lo llama robar; se le puede llamar "beneficios". Este es especialmente el caso si trabaja para una gran empresa que no va a echar en falta nada, y especialmente si hay algo por ahí sin uso que vendría bien en casa. "Bueno, ¿por qué no tomarlo? Nadie lo usa aquí, nadie lo va a extrañar. Estoy

Trabajo duro

poniendo una extensión en mi casa y me vendría bien eso...".
Esa es la actitud de alguien que fue para recibir y no para dar. De hecho, las grandes tiendas pierden más por el robo del personal que por los ladrones. Pregunte a cualquiera de ellas. Descubrirá que su mayor factura del personal que toma cosas y se las lleva a su casa. El robo en tiendas es un gran problema, especialmente en las tiendas de Oxford Street, pero en todo el país es el personal el que siente que tiene derecho a llevarse algo a casa; es parte del trabajo.

No pasa mucho tiempo antes de que pase de ahí a manipular sus declaraciones de IVA o sus declaraciones de impuestos para ayudar a la empresa con su flujo de caja o lo que sea. Así que esta actitud de "voy a trabajar para obtener, no para dar nada, sino para obtener tanto como sea posible y dar lo menos posible" conduce a otras cosas que claramente están mal. Eso es lo que yo llamo la "inmoralidad del lugar de trabajo". Solíamos llamarlo "skiving" en la Fuerza Aérea Real. Significa parecer estar en un lugar donde no estamos, o parecer estar trabajando cuando no estamos trabajando. Trabajamos más duro cuando los ojos de otra persona están puestos en nosotros. Es hacer trampa.

Lo contrario es lo que yo llamo la "idolatría del lugar de trabajo". Eso hace que el trabajo sea su dios. Vive para su trabajo. Su carrera tiene prioridad sobre todo lo demás, incluida la familia: "Me están ascendiendo, todos tenemos que mudarnos, mi trabajo es más importante que cualquier otra cosa". Una familia cristiana vino a verme recientemente y me dijeron: "¿Podrían orar por nuestra hija? Tiene anorexia y estamos muy preocupados por ella; va a morir".

Dije: "Primero déjenme preguntarles sobre ustedes. ¿Se han mudado de casa recientemente?".

"Sí, vivíamos en el norte y nos mudamos al sur hace aproximadamente un año o dieciocho meses".

Les dije: "¿Por qué se mudaron?".

El marido dijo: "Obtuve un ascenso. Tuve la oportunidad de

un trabajo mejor".
Le dije: "¿Hablaste de eso con tu familia?".
"Bueno, no, obtienes el ascenso y tienes que intentarlo".
"¿Nunca hablaste de eso con tu hija?".
"No".
"¿Qué edad tiene ella?".
Creo que tenía unos dieciséis o diecisiete años. Todo se redujo a que, sin hablarlo, sin que le hubieran dado las razones, de repente fue arrancada de todas sus relaciones; todas desaparecieron sin consideración alguna. De hecho, era claramente esto lo que estaba en la raíz de la anorexia.
Le dije al marido: "¿Cómo resultó el nuevo trabajo?".
Él dijo: "No resultó. Ahora estoy desempleado".
Le dije: "Qué lástima que te fuiste. ¿Le preguntaste a Dios al respecto?".
"No", dijo. "En nuestro trabajo simplemente asumes que, si no aceptas un ascenso, estás acabado. Si no estás de acuerdo con lo que dice el jefe". ¡Qué costo!

Había un hombre en Estados Unidos que vivía en una silla de ruedas porque había contraído polio y no aceptaba compasión por su condición. Si alguien intentaba sentir compasión por él, decía: "Gracias a Dios por la polio".

Si le preguntara: "¿Cómo puedes agradecer a Dios cuando no puedes moverte?". Él le diría: "Nunca dormí en una cama. Dormí en un tren o en un avión para poder empezar a trabajar a la mañana siguiente. Seguí en movimiento, desde la mañana hasta la noche. Negocios, negocios, negocios. Mi familia estaba alejada de mí. Luego me atacó la polio. Tengo que conocer a mi esposa y a mis hijos. Somos una familia feliz. Si eso no me hubiera pasado a mí, toda la familia se habría perdido". Bueno, es un punto de vista. Ese era un hombre que había hecho de su trabajo todo.

Ni siquiera Dios mismo trabajó los siete días de la semana. Dios pudo quitarle tiempo a su trabajo y ciertamente necesitamos hacerlo nosotros. Si su trabajo se ha convertido en todo, entonces

Trabajo duro

es su religión, es su "dios". Está dedicando toda su vida a ello. Esa es la idolatría del lugar de trabajo. Ya sea el éxito, el estatus, el poder, la sensación de logro, la riqueza o cualquier cosa que lo impulse a hacerlo, ha hecho de su trabajo su dios si está por delante de todo lo demás en su vida. En ambos casos la religión y el trabajo se han separado. Ya sea que optemos por la inmoralidad que tiene una visión demasiado baja del trabajo, o por la idolatría que tiene una visión demasiado alta, la religión y el trabajo se separan. Puede ir a la iglesia el domingo, pero su fe en realidad no se relaciona en absoluto con lo que hace entre el lunes y el viernes. Hay muchas personas para quienes el cristianismo es un pasatiempo de tiempo libre, un interés personal que deben seguir fuera del trabajo. De nuevo, qué pérdida de todo ese tiempo. Permítame recordarle un dicho que fue muy popular en el pasado pero que sigue siendo relevante: "Si no es Señor de todo, no es Señor en absoluto". Eso es cierto cuando lo pensamos bien. Claramente hay algo entre estos dos extremos: una actitud correcta hacia el trabajo, una actitud bíblica hacia el trabajo, y eso es en lo que vamos a pensar ahora.

Una de las razones por las que hemos caído en pensamientos equivocados es que la iglesia ha estado demasiado influenciada por el pensamiento griego más que por el pensamiento hebreo. Escribí un libro breve sobre esto titulado *Desgreciar la iglesia*. Por supuesto, la cultura occidental es griega de principio a fin. Hasta la invención del hormigón armado y del acero, nuestros edificios públicos eran como templos griegos. Los ayuntamientos se parecían al Partenón. La Biblioteca de Leeds, directamente desde Atenas, con columnas corintias. Considere la Catedral de San Pablo y el Royal Exchange en Londres. Camine por la ciudad y encontrará la arquitectura griega mirándolo a la cara. ¿De dónde obtuvieron los británicos su amor por el deporte? El fútbol es la religión de la mayoría de los hombres en este país. No les preocupa el culto aeróbico en los estadios. Gol: ¡levantar las manos! ¡Pídales que hagan eso para el Señor un domingo por la mañana y realmente estará pidiendo algo! ¿De dónde viene nuestro amor por el deporte? No de la Biblia. La Biblia casi no dice nada sobre el deporte. El único texto que se me ocurre es: el ejercicio corporal beneficia poco. ¿Qué tal decir eso en el mundo moderno? La gente me pregunta qué ejercicio hago. ¡La predicación es la principal! Hoy en día tenemos ocupaciones tan sedentarias que muchos de nosotros necesitamos un poco de ejercicio. ¡Conducir no sustituye al ejercicio! Sin embargo, la Biblia no habla de deporte, excepto la ilustración de correr la carrera cristiana, pero el deporte no figura en la Biblia; no está en el pensamiento hebreo. Lo obtuvimos de Grecia; Lo obtuvimos del Olimpo y los Juegos Jónicos. ¿De dónde sacamos nuestro pensamiento político? No lo obtuvimos de la Biblia. No hay nada en la Biblia sobre la democracia.

Recuerdo haber ido a ver la película *Los Diez Mandamientos*. Cecil B. DeMille apareció en la pantalla al principio y dijo: "Quería mostrarles los inicios de la democracia occidental". No hay ni una pizca de democracia en la Biblia, nada. Son todos reinos con el rey gobernando y haciendo las leyes él mismo. ¿De dónde sacamos la democracia? Grecia. Podría continuar, pero todo nuestro sistema educativo es griego en su pensamiento esencial y esto ha afectado profundamente a la iglesia y a nosotros.

Los griegos básicamente se equivocaron en esto. Separaron lo físico y lo espiritual. Nunca pudieron reunirlos. Dividieron la vida en sagrada y secular; nuestras actividades espirituales y nuestras otras actividades. Dividieron el cielo de la tierra. Pusieron a Dios fuera del tiempo y lo hicieron atemporal, algo que no hace la Biblia. Así que dividieron la vida y, por lo tanto, nos dividieron en pensamientos sagrados y seculares y lo hemos estado haciendo desde entonces. El mundo físico se volvió no espiritual.

Bajaré esto a la tierra. Hay una oración en el libro de oraciones judío para orar cuando uno va al baño. ¿No es precioso? Uno le agradece al Señor que su cuerpo esté funcionando correctamente. Da gracias al Señor porque se sientes aliviado y se sientes mejor y sale alabando. Cuando digo esto ante una audiencia judía, y hablo a menudo con judíos, nadie se ríe. Simplemente dicen: "Pero ¡por supuesto!". Como me quedo en muchos hogares cristianos mientras viajo, uso muchos baños cristianos. A menudo hay una pila de libros devocionales al lado del trono. Hay textos enmarcados en las paredes, todo para distraerme de lo que estoy haciendo allí. Dios hizo nuestro cuerpo y está interesado en nuestro cuerpo, tan interesado como nosotros. De hecho, cuando envejecemos y comenzamos a perder el control de los intestinos y la vejiga, desearemos haber alabado al Señor cada vez que funcionaba correctamente. A menudo los hombres terminamos en pañales al final de nuestra vida. Le pasó a mi padre. Es humillante volver a ser un bebé.

Es que Dios está interesado en todo eso. Él hizo el mundo físico. Él no solo va a salvar su alma; también se ha propuesto salvar su cuerpo. Ese es el evangelio; ese es el pensamiento hebreo. La vida en su conjunto, física y espiritual, va junta. Hubo un hombre llamado Agustín que empezó a dividirlos y a reemplazar el pensamiento hebreo en la iglesia por el pensamiento griego, y eso llevó directamente al sacerdocio célibe, en el que uno era más santo si no tenía relaciones sexuales. Dijo que incluso el sexo dentro del matrimonio es concupiscencia. Desde entonces hemos mantenido lo físico y lo espiritual tan separados que alguien que realiza un trabajo manual piensa que Dios no tiene ningún interés en eso. ¿Ve lo que quiero decir? La iglesia ha recogido eso.

Entonces, para la iglesia el discipulado se ha convertido en lo que hago en mi tiempo libre. Hay tantos cursos de discipulado, desde Alfa hasta todo lo demás. Ninguno de ellos habla de nuestro trabajo diario. Todos nos dicen cómo ser un cristiano en nuestro tiempo libre; cómo leer la Biblia, cómo orar, cómo testificar, cómo hacer esto, aquello y lo otro. Si lo animan a testificar en el trabajo, lo animan a robarle tiempo al jefe. Dios no lo envió a su trabajo principalmente para testificar a la gente. Si hace eso, asegúrese de hacerlo en su propio tiempo y no en el del jefe, porque eso es robar. Usted me entiende.

De modo que el cristianismo se ha convertido en una actividad de ocio, y nuevamente los griegos vivían para el ocio, no para el trabajo. Intentaban, si podían, conseguir treinta piezas de plata, que era el precio habitual de un esclavo, para poder comprar un esclavo y no trabajar más, y conseguir que el esclavo hiciera su trabajo por ellos. Dos tercios de la población de Grecia eran esclavos, generalmente extranjeros traídos para realizar el trabajo manual sucio, que, francamente, ocurre hoy en Europa. Importamos inmigrantes para que hagan el trabajo manual por nosotros. Eso es lo que hizo Grecia, solo que lo hizo comprándolos como esclavos. El griego vivía para convertirse en un caballero del ocio. Le encantaba poder permitirse el lujo de no trabajar para poder dedicarse a las actividades que él mismo había elegido en lugar de tener que hacer lo que otras personas le decían que hiciera.

Esto desarrolló en la antigua Grecia toda una industria del ocio. Tenían discusiones en un lugar llamado el Areópago, en Atenas, donde Pablo predicó. Tenían obras de teatro: tragedias y comedias. Tenían su propia industria del ocio y, por supuesto, ahí se desarrolló el deporte. Uno tiene que llenar su tiempo libre con algo. Entonces construyeron sus centros de ocio. ¿Todo esto le suena vagamente familiar? La gente tiene tiempo libre y tiene que ocuparlo con algo. Por supuesto, otra forma de dejar el trabajo es ganar la lotería: conseguir mucho dinero lo antes posible para no tener que volver a trabajar. La mejor cura para querer eso es leer qué les ha sucedido a las personas que lo ganaron. Algunos fueron lo suficientemente inteligentes como para quedarse en el trabajo, pero muy pocos. La mayoría dijo: "Ahora soy libre para no trabajar y para hacer lo que quiera". Eso es básicamente, lo que ofrece el ocio: la opción de hacer lo que quiere hacer en lugar de lo que el jefe quiere que haga. Así que nos hemos convertido en una sociedad de fin de semana. Vivimos un fin de semana y luego el siguiente. Vivimos para el ocio. Encontramos el mayor propósito en la vida en el ocio. Los hebreos no tenían tiempo libre, trabajaban seis días y un día adoraban.

Hace algunos años hubo una gran cruzada cristiana llamada "Mantengamos los domingos especiales" para tratar de mantener cerrados los comercios y garajes los domingos. En aquella época escribí un artículo para una revista nacional que provocó muchísimas críticas. Lo llamé "Mantengamos los lunes especiales". Lo que dije entonces fue lo siguiente:

Escucho a muchos cristianos decir que debemos dejar los domingos libres de trabajo. No he oído a ninguno de ellos apelar al cuarto mandamiento para decir que debemos volver a una semana laboral de seis días. Solo estaban tomando la mitad de la ley de Dios. Una parte de la ley dice que recordemos el día de reposo para santificarlo. "Seis días trabajarás". Nadie quiere leer esa parte hoy en día. Incluso queremos una semana de cuatro días si podemos conseguirla. Estoy siendo un poco sarcástico, pero estoy tratando de pintar un cuadro. Ya no sentimos que Dios está interesado en nuestro trabajo o que en nuestro trabajo es donde debemos encontrar nuestra principal expresión de propósito en la vida como Dios planeó. Nuestro cristianismo se ha convertido en una actividad de ocio hasta el punto de que un cristiano que no puede asistir a la reunión de oración de la iglesia porque ha tenido que trabajar horas recibe lástima, no oración por él. De alguna manera decepcionó a la sociedad y desarrolla un complejo de culpa y le dice al pastor el domingo: "Lamento no haber podido asistir a la reunión de oración de la iglesia porque tuve que trabajar horas extras". Esa reunión de oración debería haber estado orando por él en su propio tiempo porque estaba sirviendo a Dios. Eso es lo último que piensan en hacer. Notaron su ausencia.

Vayamos ahora a la Biblia. Miremos tres cosas: la creación, la Caída y la redención. Veamos cuál fue la obra originalmente en la creación de Dios. Le sorprenderá saber que Adán tenía una semana laboral de siete días. No tenía domingo ni sábado. Trabajaba los siete días de la semana. Contrariamente a las ideas de algunos cristianos, el sábado, el séptimo día de descanso, no apareció hasta la época de Moisés. Fue entonces, por supuesto, cuando también apareció Génesis 1. Adán no sabía que Dios trabajó seis días en la creación y luego descansó el séptimo. Debido a que lo leemos en Génesis 1, asumimos erróneamente que él lo sabía. No lo sabía, y nunca le dijeron que guardara un día entre siete. El único mandamiento que le dieron fue "No toques ese árbol que está en medio del jardín", pero no le dijeron nada sobre descansar de su trabajo.

Su trabajo era comparativamente fácil. Cuidaba un huerto. Para conseguir comida tenía que recoger fruto. Adán no fue puesto en la tierra para adorar a Dios todo el tiempo. Fue puesto en la tierra para cuidar el jardín, para trabajar con las manos. Por cierto, trabajar con las manos es la forma más elevada de trabajo a los ojos de Dios, aunque sea la forma más baja de trabajo a los ojos de nuestros vecinos. El trabajo manual tiene la mayor dignidad en la Biblia. Volveré a eso. Entonces Dios puso a Adán a trabajar y quiso que encontrara satisfacción en eso: que lo disfrutara, que encontrara el propósito de su vida, el papel de jardinero. Sí, se encontraba con el Señor al final del día para hablar de cómo había sido el día; escuchaba el sonido del Señor caminando en el jardín al final del día, pero estaba allí para trabajar.

¿Cuál es su idea del cielo? Me refiero espiritualmente. Les diré cómo creo que la mayoría de los cristianos piensan que será: un eterno culto dominical por la mañana donde se canta cada coro diecisiete millones de veces. Ésa es la idea que la mayoría de la gente ha aprendido de la iglesia. Tienen la idea de que lo que hacemos el domingo por la mañana es lo que vamos a hacer por los siglos de los siglos. El plan de Dios para Adán no era eso. Era

Trabajo duro

trabajar con las manos. Eso es porque Dios es un trabajador. Todo el universo que nos rodea es resultado del trabajo de sus manos. La parte más sorprendente de su cuerpo son en realidad sus manos y lo que pueden hacer. Dios nos dio manos, no solo para adorar sino para trabajar. No habrían necesitado dedos separados solo para adorar; son para usarlos en el trabajo que hacen.

Por eso el salmista ora "Confirma la obra de nuestras manos". Él ofrece su trabajo al Señor. Entonces, Dios es un trabajador, aunque se toma un día libre de la creación para sí mismo. El universo es obra de sus manos, y cuando Jesús vino para ser el Salvador del mundo, si usted hubiera estado planeando su vida nunca habría hecho lo que hizo su Padre Celestial: lo hizo carpintero durante dieciocho años. ¿Habría pensado en hacer eso si hubiera sido Dios y hubiera enviado a su Hijo para salvar al mundo entero? ¿Meterlo en una carpintería, en el banco de un carpintero? Durante dieciocho años trabajó con madera y luego durante tres años trabajó en milagros. Si mis cálculos siguen siendo correctos, dieciocho a tres son seis a uno.

Jesús casi estaba imitando a su Padre Celestial. Trabajó con sus manos, y eso fue todo lo que hizo durante dieciocho años: sillas, mesas, puertas, marcos de ventanas. ¡El Hijo de Dios, el Salvador del mundo, hizo eso durante dieciocho años! Todo era parte del plan de Dios para salvar al mundo. Dijo: "Mi Padre ha trabajado hasta ahora, ahora yo trabajaré". Se tomó un tiempo para descansar, especialmente por el bien de los discípulos, quienes estaban agotados por su trabajo y las multitudes que venían. Esto nos dice tres cosas sobre el trabajo. Uno: tiene dignidad. No es vergonzoso hacerlo. El trabajo manual tiene particularmente dignidad. Todos los grandes santos de la Biblia fueron trabajadores manuales. Trabajaron con sus manos. Moisés era pastor, David era pastor, los apóstoles eran pescadores. Pablo era un fabricante de tiendas. El trabajo manual tiene un lugar especial a los ojos de Dios, ya sea que sea calificado o semicalificado. ¡Qué mensaje! Se nos dice que la iglesia ha perdido al hombre trabajador. Quizás sea porque nunca les hemos dicho que su trabajo es valorado por Dios. Nunca lo han visto así: trabajo manual, trabajar con las manos. De hecho, el Nuevo Testamento dice que todos los cristianos deben trabajar con las manos. Si su trabajo diario es un trabajo de escritorio, un trabajo "de la cabeza", necesita trabajar con las manos en su tiempo libre. Hay algo en trabajar con las manos que es muy terapéutico. Es muy raro que un hombre que hace todo su trabajo con las manos necesite un psiquiatra. Me encanta ver programas del campo en la televisión, en parte debido a mi pasado agrícola. Un techador o un hombre que ha arado campos durante setenta años (ya conoce la clase de hombre) está contento, está integrado, es feliz; le gusta su trabajo y está orgulloso de él cuando lo termina.

Cuando ha hecho algo con las manos, ¿no le resulta satisfactorio dar un paso atrás y mirarlo? Puede ver dónde ha estado y que su esposa le diga el maravilloso trabajo que has hecho y le da aún más placer: "Qué marido tan maravilloso tengo; nunca pensé que podrías hacer eso". Trabajar con las manos es cansador, pero no agotador. Hoy en día conozco a demasiadas personas que están tan estresadas por su trabajo que llegan a casa exhaustas, no con un cansancio saludable sino el tipo de agotamiento que les impide relajarse e incluso dormir. Esa no es la intención de Dios.

Existe la dignidad del trabajo. Lutero dijo: "Todo trabajo tiene el mismo valor para Dios". La segunda cosa es que el trabajo es un deber, no algo de lo que hay que salir sino algo que Dios te dio para hacer. De hecho, la Biblia dice: "El que no quiera trabajar, que tampoco coma". No tiene derecho a la alimentación si se niega a trabajar. No dice si algún hombre *no puede* trabajar porque tiene una discapacidad física o mental o porque simplemente no hay trabajo disponible. No se trata de esos hombres sino de aquellos que *no quieren* trabajar.

Hace muchos años, un joven vino a verme a última hora de la mañana y se sentó en nuestra sala. Eran las doce y media. En el comedor de la sala, la mesa estaba puesta para el almuerzo. Noté

Trabajo duro

que este joven, que era estudiante, seguía mirando fijamente la mesa. Seguí hablando con él y finalmente, desesperado, me dijo: "¿Cuándo va a almorzar?", claramente invitándose a compartirlo. Le dije: "Bueno, vamos a almorzar tan pronto como te hayas ido". Me miró y dijo: "Más bien esperaba unirme a usted". Le respondí: "Lo siento, la Biblia me prohíbe darte el almuerzo".

"¿Qué?".

Lo llevé a ese versículo y luego le dije: "Eres un estudiante profesional".

¿Sabes quién es? Es alguien que termina un curso y solicita otro, lo termina y solicita otro, que simplemente le gusta estudiar a expensas de los contribuyentes y no tiene intención de aceptar jamás un trabajo; simplemente pasan su vida tomando un curso tras otro. Puedes salirte con la tuya si eres razonablemente convincente, y él se salió con la suya durante nueve años y no tenía intención alguna de devolver a la sociedad todo lo que se había invertido en él. Yo lo sabía.

Él profesaba ser cristiano, así que le dije: "Lo siento, pero no puedo ofrecerte nada de comida por ese motivo.

Se fue muy rápido y no diría que nos separamos como amigos. No creo que eso sea del todo cierto. Sin embargo, aproximadamente un año después sonó el timbre de mi puerta y allí estaba él nuevamente.

Dijo: "Puede darme el almuerzo hoy".

"¿Por qué?".

Dijo: "Tengo un trabajo".

Le respondí: "Puedes tener toda la comida de la casa. Entra". Me alegré de que hubiera regresado.

Son palabras duras, ¿no? No hay nada en la Biblia que diga que un cristiano deba ser blando. Incluso cuando se trata de viudas, hay directrices muy claras: reglas para ser sensatos al respecto. Pero esa es la regla allí: si un hombre no quiere trabajar, no tiene derecho a comer. Palabras duras. El trabajo es un deber, pero también debe ser no solo una acción de dignidad o deber, sino también un deleite. Dios quiso que encontráramos más gozo en nuestro trabajo que en cualquier actividad de ocio. Ese era su plan y los seres humanos se equivocaron.

Si lo que le he estado diciendo es cierto, hay dos implicaciones que debemos afrontar como cristianos. Número uno, la pereza es pecado. No es un pecado del que se oye hablar mucho. Los sacerdotes de la iglesia católica me dicen que nunca se confiesa como pecado. Escuchan todo tipo de pecados, pero nunca escuchan ese. La pereza es un pecado contra Dios. Si no me cree, lea el libro de Proverbios, uno de los libros de la Biblia que no fue escrito en absoluto para mujeres y niños; es enteramente para hombres. Menciona este pecado de indolencia, "pereza": un hombre perezoso, un zángano. Dice que, si ese es su pecado, debe dirigirse al hormiguero más cercano. Dice que debe ir a meditar sobre las hormigas. Esa es la cura. Vaya y encuentre algunas hormigas, siéntese, obsérvelas y medite sobre eso. Ellas también son criaturas de Dios, ¡y cómo trabajan! "Ve a la hormiga, zángano", dice Proverbios en la Versión Autorizada.

La pereza es un pecado. Es un desperdicio de lo que Dios le ha dado. Es perder tiempo, desperdiciar esfuerzo, y hay una vívida descripción en un versículo de Proverbios: que un hombre perezoso tiene una bisagra con su cama. Una bisagra con su cama; simplemente se da vuelta y trata de descansar un poco más. ¡Qué descripción tan vívida! ¿Quién dice que la Biblia es irrelevante?

Ésa es una implicación negativa, pero hay otra. Si la pereza es un pecado a los ojos de Dios (de hecho, es uno de los siete pecados capitales tal como los han categorizado los católicos, junto con el orgullo, la lujuria, la ira, etc.), la segunda implicación es igual de grave: el desempleo es un mal. Los cristianos deberían estar al frente de la lucha contra el desempleo. Es malo para un hombre estar desempleado y peor para un hombre que para una mujer, como he intentado explicar. Me emociono cuando oigo hablar de cristianos que luchan contra ese mal. Fui a un antiguo pueblo minero de carbón donde se había cerrado la mina. Cuando eso sucede en un pueblo minero, todos se quedan sin trabajo y las tiendas cierran. Hay una pequeña iglesia pentecostal allí y dijeron: "Vamos a hacer algo al respecto". Había una escuela victoriana vacía y le preguntaron al consejo si podían tomarla prestada e invitaron a hombres desempleados a ir allí durante un año y uno de los miembros de la iglesia les enseñaría una nueva habilidad. Luego, al final del año, la iglesia buscaría un trabajo para ellos. Al final tenían setenta y cinco hombres en ese pueblo en ese momento en esa escuela. Fui a visitar esta pequeña iglesia que me invitaba a predicar y no la encontré, y me detuve en la parada de autobús donde había una fila de personas esperando el autobús, y dije: "¿Pueden decirme dónde está esta iglesia?". Sus rostros se iluminaron y dijeron: "Es una iglesia maravillosa. Esa iglesia ha hecho más por esta comunidad que nadie". Hablaron extensamente y todos estaban muy entusiasmados con lo que esos cristianos habían hecho. Cuando llegué a la iglesia dije: "Estoy emocionado de estar aquí. He oído hablar muy bien de ustedes afuera, de su preocupación por los hombres desempleados de este pueblo". Ese fue solo un pequeño caso. Hablé de ello siempre que pude: con los políticos, con quien quisiera escucharme.

Una de mis soluciones al problema no es aceptable hoy: en lugar de pagar prestaciones a hombres desempleados para que no hagan nada, ¿por qué no pagamos a sus esposas para que se queden en casa y cuiden a sus hijos? Los niños menores de diez años necesitan a su madre en casa. Muchas veces ella sale a trabajar y los dejan con una niñera.

Los hombres necesitan trabajo más que dinero, pero cuando verifiqué las estadísticas (hace algún tiempo), dos tercios de los nuevos empleos iban a parar a mujeres en este país. La razón era, por supuesto, que las mujeres eran más adecuadas para los puestos de trabajo que estaban apareciendo. En la Revolución Industrial, se necesitaban hombres, se necesitaban manos, se necesitaban músculos en las fábricas y el empleo masculino aumentó. Pero en la revolución tecnológica, las mujeres son mejores en eso y, por lo tanto, más empleos van a parar a ellas. Pueden manejar un teclado o una computadora de manera mucho más eficiente que los hombres. Las dos industrias de más rápido crecimiento en este país son las industrias de servicios y de información y en ambas las mujeres son mucho mejores porque se comunican mucho mejor que los hombres. Tenemos un problema creciente con el desempleo y creo que sería mejor que un hombre luchara para hacer un trabajo y conseguir un empleo y que su esposa cuidara de los niños que estar desempleado. Pero la situación fiscal en estos momentos va en contra del matrimonio y la vida familiar, y es necesario decirlo. Es evidente que es malo para la familia y para la sociedad.

Entonces el desempleo es un mal y es un problema importante en toda Europa. Si no podemos hacer nada, al menos podemos alentar a quienes sí pueden a que tengan en cuenta a todos los hombres que sienten que no tienen ningún valor para nuestra comunidad.

Todo esto ha sido sobre el trabajo a la luz de la creación, pero la creación no tiene la última palabra en la sociedad: la Caída la tiene en este momento. La creación no es lo que era cuando salió de las manos de Dios. El pecado ha entrado. Una de las primeras cosas que ha sido corrompida por el pecado es el trabajo. Cuando Adán pecó por primera vez (dirigido por su esposa, pero responsable de ello), Adán fue castigado con un trabajo que se volvió mucho más duro. En lugar de arrancar frutos de los árboles y tal vez podarlos o lo que fuera necesario, ahora tenía que arar la tierra con el sudor de su frente. El fruto estaba fuera de su alcance.

A partir de entonces el trabajo iba a ser duro. Se agotaría por el trabajo. Para Eva, las relaciones familiares se deterioraron. Una mujer puede ir a trabajar; no hay nada en la Biblia contra las mujeres que trabajan. La idea de una esposa en Proverbios 31 era una agente de bienes raíces: ganaba mucho dinero con ello, lo que agradaba a su esposo. Ella puso a su familia en primer lugar. Para un hombre, el trabajo es lo primero. Para la esposa, las relaciones son lo primero. Ahí fue donde su vida sufrió, pero Adán sufrió en su trabajo, y desde la Caída, el trabajo ya no es lo que Dios pretendía que fuera. Se ha convertido en un trabajo agotador. Se ha convertido en algo excesivo para muchas personas, algo de lo que anhelan alejarse, con la esperanza de jubilarse anticipadamente o ser despedidos con un apretón de manos dorado.

En segundo lugar, el trabajo ha perdido su finalidad. El trabajo ya no se ha convertido en un fin en sí mismo, algo que vale la pena realizar por sí mismo, excepto para unos pocos artesanos cualificados. Para muchas personas, el trabajo se ha convertido en un medio para alcanzar otro fin, ya sea ganar mucho dinero, ejercer poder o alcanzar un estatus. Ya no vale la pena hacerlo por sí mismo y para sí mismo. Se considera un trampolín hacia algo más; un medio para lograr algún otro objetivo. Dios nunca tuvo esa intención tampoco. El pecado también ha hecho eso.

En tercer lugar, el lugar de trabajo se ha convertido en un lugar donde la transigencia parece inevitable. A menos que trabaje para uno mismo, quedará atrapado con otros pecadores en un sistema que lo presiona para que haga cosas en contra de su conciencia. En un mundo caído, otras personas no tienen los mismos estándares que usted. Es cada vez más difícil incluso para los médicos y abogados, y mucho más para personas que realizan otros trabajos, oponerse a lo que sus colegas aceptan como práctica normal, como una práctica socialmente aceptable, pero que Dios dice que es inmoral.

Una muchacha se me acercó después de haber estado predicando. Me había referido a 1 Corintios 11, y mencioné que, a los ojos de Dios, que un hombre tenga cabello largo y que una mujer tenga cabello corto es no reconocer lo que Dios ha hecho y, cuando nos reunimos para adorar, los ángeles aparentemente miran nuestros peinados. Deben estar al fondo de la iglesia y ven si estamos reconociendo que somos hombre o mujer, según sea el caso. La forma más obvia de reconocerlo es en nuestro peinado.

Después la joven dijo: "David, ¿qué puedo hacer? Soy peluquera y cada vez más mujeres vienen queriendo el cabello más corto posible y los hombres vienen para champús, fijadores y ondas permanentes y no sé qué más con su cabello hasta los hombros".

Le respondí: "¿Qué te dice tu conciencia?". Ella respondió: "Me siento culpable por hacerlo".

Le dije: "Escucha, siempre debes hacer lo que te dice tu conciencia o la perderás. Es un instrumento muy delicado y si no cuidamos nuestra conciencia la perdemos; se vuelve contundente. Dale siempre a tu conciencia el beneficio de la duda".

Regresó a su casa y abandonó el negocio. No es fácil ser un predicador que le dice a la gente que pierda su negocio, pero ella lo hizo. Luego le ofrecieron otro trabajo y ella vino a mí y me dijo: "David, hay un trabajo que siempre he deseado tener en toda mi vida, pero no estaba completamente calificada para él y pensé que nunca podría tenerlo, y por eso me dediqué a la peluquería. Tan pronto como dejé la peluquería, me ofrecieron el trabajo a pesar de mi falta de cualificación". Ella permaneció feliz en ese trabajo. Me emocioné por ella, pero ella tenía conciencia. Sabía que a Dios no le gustaba lo que ella estaba haciendo, pero en muchos ámbitos hoy hay que hacer algo así. Se necesita un hombre valiente para arriesgar su trabajo y sus ingresos —lo que significa correr un riesgo también para su familia— para negarse a hacer lo que sabe que está mal a los ojos de Dios, pero es cada vez más necesario. Eso es lo que el pecado ha hecho al trabajo.

También ha introducido todo tipo de motivos equivocados en nuestro trabajo: avaricia, orgullo. El trabajo se ha convertido en algo más competitivo que cooperativo. Si un representante de ventas puede robar clientes de otra empresa deliberadamente, es "perro come perro" y la motivación se vuelve muy retorcida.

Finalmente, en un mundo pecaminoso el valor de un hombre se basa en su trabajo. Eso es una tragedia. Si le preguntara: "¿Qué es usted?". ¿Qué diría? ¿Hablaría de su trabajo? Porque eso no es lo que es; es lo que hace. En nuestro mundo, el valor de un hombre se considera lo que hace. Usted es un hijo de Dios. Ese es su valor, pero si pierde ese valor, ¿qué le queda sino la contribución que puedes hacer a la sociedad? ¿Cuál es mi valor para Dios? ¿Es que viajo por el mundo, predicando y enseñando? No, mi valor para él es que soy su hijo. Soy su hijo, eso es lo que soy. Sí, a Dios también le interesa lo que hago, pero lo que soy no es lo que hago. Por eso algunos hombres pierden su identidad cuando se jubilan o cuando son despedidos.

Me encontré con un hombre en Oxford que volaba alto: hizo un negocio tras otro, pero lo habían despedido tres veces en muy poco tiempo. Sentía que no valía nada, que la gente no lo quería. Entonces empezó a ver que para Dios él era valioso en sí mismo. Cuando descubrió eso, pudo decir: "Ahora Dios, ¿qué quieres que haga?".

Dios dijo: "Quiero que ministres a hombres de negocios despedidos". Se convirtió en director oficial de un ministerio anglicano para hombres despedidos y tuvo una gran vida, totalmente realizada. ¿No es encantador? Tuvo que aprender que él era valioso *en sí mismo* antes de lo que *hacía*. Entonces Dios le puso en un trabajo que podía hacer maravillosamente porque un hombre que ha sido despedido tres veces sabe lo que es. Realmente puede alentar a las personas.

Hemos pensado en el trabajo a la luz de la creación de Dios, lo que él pretendía que fuera, y luego en la vida después de la Caída, cuando el pecado lo ha estropeado de muchas maneras, pero ahora quiero considerar el trabajo a la luz de la *redención*. Estamos aquí en la tierra para ayudar a redimirla: para salvarla de sí misma, para mostrar a la gente cómo puede ser el reino de Dios en la tierra, darles una idea de la intención creadora original de Dios para nosotros, para que puedan desearla nuevamente y estar dispuestos a ser limpiados de sus pecados; para que puedan ser lo que Dios quiso que fueran. Estamos aquí para ser una especie de demostración de la intención original de Dios. ¿Cómo redimimos entonces nuestro trabajo diario de lunes a viernes? En

Cristo puede y debe ser redimido.

Lo primero es darnos cuenta de *por qué* Dios quiere que vayamos a trabajar. Hay tres razones en la Biblia. Uno: quiere que vayamos a trabajar para conseguir dinero. No se avergüence por eso. Él quiere que nos ganemos la vida. Para que, como él dice, podamos sustentarnos a nosotros mismos y a nuestra familia, y tener lo suficiente para dar a quienes lo necesitan. Esa es la ambición de conseguir dinero. Vaya a trabajar para conseguir suficiente dinero para que usted y su familia no necesiten depender de nadie más y tenga un margen para dar. Demasiadas personas hoy en día viven hasta el límite de sus ingresos totales, para sí mismos. Obtienen la hipoteca más alta que pueden pagar y, a menudo, no piensan en cuándo podrían subir las tasas de interés. Ahí es cuando entran en la actividad negativa y se endeudan. Han gastado hasta el límite y cuando las demandas superan el límite apenas ya están terminados.

Un cristiano no vive hasta el límite de sus ingresos. Tiene la ambición de dar, no solo de mantenerse a sí mismo, pero los cristianos deben sustentarse a sí mismos. No deberían vivir de la caridad, ni siquiera de la de otros cristianos. Ahora nuevamente tengo algunas cosas bastante claras que decir. A veces la gente me pregunta: "¿Vives ahora por fe?".

"No, o mejor dicho, siempre viví por fe".

"Oh, pero ahora no recibes un salario de la iglesia; ¿No tienes un salario regular?".

"No, no lo tengo. Pero vivía por fe cuando lo tenía. Vivo francamente de cualquier cosa que recibo por el trabajo que realizo".

A eso lo llamo ganar dinero y, a veces, cuando la persona que dirige dice que vamos a aceptar una "ofrenda de amor", yo digo: "Eso no es una ofrenda de amor sino mi salario".

Todos estamos al mismo nivel ante los ojos de Dios. Un trabajador es digno de su salario. Jesús dijo cuando envió a los apóstoles como misioneros: "Reciban ahora lo que les den",

Trabajo duro

porque un trabajador es digno de su salario. Yo, como todos, debo hacer un trabajo que sea digno de lo que recibo. Toda esta idea de que algunos cristianos viven por fe y otros no, no es bíblica. De hecho, si usted es un pequeño empresario hoy en día, tratando de mantenerse a flote en el mundo de hoy, sabiendo que un cristiano nunca debe estar endeudado y, por lo tanto, siempre debe pagar las facturas a tiempo y no esperar la última demanda del abogado, ser obediente a Dios y pagar cada factura a tiempo (para que nunca esté endeudado, porque eso es un pecado en la Biblia), ese hombre de negocios necesita mucha más fe que yo. Cuando las grandes empresas no le pagan a tiempo y esperan hasta el último momento posible antes de pagar sus deudas, y aun así él necesita mantener su flujo de caja, ese hombre tiene que tener más fe en Dios que yo. Todos tenemos que vivir por fe, porque ser obediente a Dios es un negocio costoso en este mundo. Todos necesitamos ganar nuestro dinero.

Así que en años de trabajo itinerante no envié cartas pidiendo dinero. No tenía iglesias ni personas que me apoyaran. Viví de lo que hice por los demás. Yo llamo a eso ganar dinero, como sea que se haga. Ahora bien, ganar dinero es básicamente el deber de todo cristiano sano y mentalmente capacitado. Por eso vamos a trabajar, para no depender de la caridad, para no mendigar, para no depender de los demás. O, si nos hacen una donación, esa es enteramente su prerrogativa; está perfecto. Hay un lugar para las donaciones, pero hay un lugar firme para ganar dinero. Por eso Pablo escribió a los Corintios y Tesalonicenses: "Cuando estuve con ustedes, les di ejemplo. Me ganaba la vida trabajando con mis manos". Por lo tanto, hagan que su ambición sea no depender de nadie. Ahí está. Ésa es una razón para ir a trabajar. No es la única razón, pero es buena.

En segundo lugar, vamos a trabajar para amar al prójimo. ¿Qué es amar al prójimo? No es tener una sensación tan agradable por dentro que nuestro corazón se acelere cada vez que lo vemos. Ese no es el amor aquí sino una especie de amor romántico sentimental. Según Jesús, amar al prójimo es vendar las heridas de un hombre que ha caído en manos de ladrones. En otras palabras, es ver una necesidad real y satisfacerla. Si su trabajo consiste en satisfacer las necesidades reales de otras personas, está amando a su prójimo cada día que va a trabajar. Está cumpliendo el mandamiento de Dios. Espero que eso lo entusiasme.

En ese artículo, "Mantengamos los lunes especiales", escribí que los cristianos deberían decir: "¡Aleluya, es lunes por la mañana! Salgo a amar a mi prójimo. Me voy a servir al Señor". Ésa es una actitud totalmente diferente hacia el trabajo, ¿no? Si satisface una necesidad real de otra persona, está amando a su prójimo. Ahora bien, hay algunos trabajos en los que puede resultar un poco complicado demostrarlo. Una vez escuché de un hombre cuyo trabajo consistía en tomar un trozo de madera y molerlo hasta convertirlo en pepitas de frambuesa que luego se ponía en una mezcla de plástico rojo, en tartas artificiales de mermelada, que uno ponía en el plato de alguien y luego se reía cuando "rompían" sus dientes al comerlos. Debo admitir que pensé: ¿será eso amar al prójimo? ¿Es esa satisfacción una necesidad real?

Le contaré un trabajo que no es amar al prójimo pero que es muy común en la City de Londres: el comercio de dinero, que es nada más y nada menos que juego profesional. Siempre se trata de obtener dinero a costa de otra persona sin ningún intercambio de bienes o servicios de igual valor. Londres se ha convertido en el centro de juego del mundo en el comercio de dinero. Son los países más pobres los que siempre pierden, los que no pueden mover el dinero con la suficiente rapidez. Me metí en muchos problemas por decir eso cuando hablé a seiscientos miembros de la Bolsa de Valores de Londres y abogados. Me pidieron un título para darlo a conocer antes de la reunión y les di este: "No te lo puedes llevar, y si pudieras, se quemaría". Se negaron rotundamente a publicar ese título. Tuve que revisarlo y quedó: "Cómo invertir tu dinero más allá de la tumba", porque Jesús dijo mucho sobre eso.

La gente está tan preocupada por acumular dinero para su jubilación y su pensión que no piensan en invertir más allá de la tumba. Las personas más ricas del mundo terminan siendo pobres dos minutos después de haber muerto, a menos que hayan enviado suficiente adelante. Jesús nos dijo cómo hacer tesoros en el cielo, pero esa es otra historia. El comercio de dinero, que consiste simplemente en mover grandes cantidades mediante computadoras en segundos alrededor del mundo, ocurre todo el tiempo, y me pregunto cómo puede ser amar a mi prójimo cuando no le doy dinero a la gente de la que estoy tomando dinero sin darle nada de valor en cambio.

Déjeme darle otros ejemplos de cómo amar realmente al prójimo. Hace algunos años, había un barrendero en Leeds, y todas las mañanas, antes de ir a trabajar, entraba en una pequeña iglesia parroquial, cuando todavía estaba abierta. (Ahora está cerrada). Entraba y apoyaba su cepillo y su pala contra la barandilla de la comunión, se arrodillaba y decía: "Señor, bendice mi trabajo de hoy". Sus calles eran las más limpias de Leeds. Ese hombre estaba en servicio cristiano de tiempo completo, aunque muy pocos cristianos lo habrían reconocido, pero estaba haciendo un gran trabajo para el Señor.

Había una señora que era cirujana jefa en un hospital de Beijing. Cuando se convirtió al cristianismo, la despidieron de su puesto de cirujana y le dijeron que el único trabajo que podía tener ahora como cristiana era limpiar baños. Ahora esa señora, con manos hábiles de cirujano, estaba limpiando baños y decía: "Yo los limpio como si el Señor los fuera a usar". Ella lo había visto; lo había entendido: estaba en el servicio cristiano de tiempo completo, amaba a su prójimo, hacía una tarea muy necesaria y ganaba lo suficiente para mantenerse a sí misma.

Nunca olvidaré escuchar el testimonio de un chino en Brighton. Había estado en prisión durante diecisiete años porque era cristiano. Era el único cristiano del ala de su prisión por lo que le dieron el peor trabajo de todos, que era limpiar las aguas residuales de cada celda. Había un agujero que conducía a un canal hacia una especie de pozo negro de concreto. Estaba abierto, solo una gran caja de concreto, y todo entraba allí. Se llenaba todos los días desde la prisión y le dieron la tarea de palearlo en una carretilla, llevarlo todo a un campo y esparcirlo. Como era bajo, no podía llegar al fondo del pozo negro con su pala, así que lo hicieron saltar al interior. Todas las mañanas tenía que saltar hasta el pecho con excrementos humanos y sacarlos con una pala. Uno diría que ese es el peor trabajo que cualquier hombre podría tener, ¿no? Él lo redimió. No le permitían orar en voz alta ni cantar alabanzas en voz alta en su celda. Cuando entró en el pozo negro, notó que nadie se acercaba a menos de doscientos metros porque, al palearlo todo, soltaba el hedor. Pensó: "Puedo cantar aquí y puedo orar aquí". Comenzó a cantar y aprendió una canción de un misionero americano: *Llegué solo al jardín mientras el rocío aún estaba sobre las rosas. Y caminó conmigo y habló conmigo y me dice que soy suyo.* Creo que era la única canción que conocía al principio, pero saltaba a esta inmundicia y empezaba a cantar. Era imposible oler algo más alejado de las rosas.

Dijo: "Ese fue para mí el jardín del Edén y yo lo esperaba con ansias todos los días. El trabajo cambió". Cuando escuchamos un testimonio como ese, pensamos: "¿Por qué alguna vez me he quejado del trabajo? ¿Por qué pensé que me habían dado un mal trabajo?". Ese hombre estaba alabando al Señor en ello y amando a su prójimo porque tenía que hacerse.

El motivo final para ir a trabajar es glorificar a Dios. No podemos hacer eso si hacemos mal nuestro trabajo. Él se preocupa por la calidad del trabajo y nuestras actitudes hacia nuestros colegas. El testimonio en el trabajo no es difundir textos ni necesariamente contarles todo acerca de Jesús. El testimonio en el trabajo es hacer nuestro trabajo de tal manera que las personas lo vean y glorifiquen a nuestro Padre que está en los cielos. Tuvimos un precioso converso en la Fuerza Aérea Real. Él estaba en el departamento de cuentas y algunos meses después estaba hablando con el vice comodoro (administrador) a cargo de esa ala y ese departamento. Me estaba preguntando sobre la iglesia. No estaba realmente interesado, pero dijo: "¿Cómo anda la iglesia?".

Le dije: "Tenemos a uno de los hombres de su departamento".

Preguntó: "¿Quién es?".

Le dije su nombre y dijo: "Ese es el mejor hombre que tengo ahora. Él es el hombre en quien realmente puedo confiar. Si hay que hacer un trabajo y hacerlo bien, acudo a él. Si tiene que quedarse y hacer horas extras para terminarlo, se quedará. El mejor hombre que tengo".

Ese hombre estaba testificando en el trabajo. Haga lo que haga, hágalo en el nombre de Jesús. Es que no es el jefe quien va a inspeccionar su trabajo sino Jesús.

Quiero darle un incentivo extra para que vea su trabajo diario de otra manera. Voy a decir que creo en algo en lo que la iglesia primitiva creyó firmemente durante cuatrocientos años. Agustín persuadió a un concilio eclesiástico para que condenara lo que les voy a contar ahora como herejía, y desde entonces prácticamente ha desaparecido, pero fue redescubierto hace unos 150 años por un grupo de cristianos. La iglesia todavía no lo enseña clara ni ampliamente, y es el Milenio. En el Nuevo Testamento, el Milenio significa un período de mil años en el que Jesús reinará sobre esta tierra y mostrará lo que se puede hacer cuando el diablo esté fuera de ella y Jesús la esté gobernando, y cuando el gobierno será cristiano. La televisión estará en manos cristianas; desde los bancos hasta los tribunales, todo estará en manos cristianas. ¿Es esto una quimera? Las naciones se desarmarán multilateralmente y no aprenderán más a hacer la guerra. Convertirán sus espadas en rejas de arado y sus lanzas en hoces. Está en la Biblia. Hay docenas de promesas no sobre el cielo sino sobre esta vieja tierra transformada bajo el gobierno correcto. Ese período de mil años se sitúa después del regreso de Jesús. Realmente no podemos ver el reino de los cielos establecido en la tierra hasta que el Rey regrese, pero cuando regrese, el diablo será expulsado. Por eso los políticos hoy no pueden cumplir sus promesas: porque el diablo gobierna este mundo, porque él es el príncipe de este mundo, el dios de este mundo, el gobernante de este mundo, y no pueden deshacerse de él. La iglesia tampoco puede hacerlo. Podemos liberar a sus víctimas, demostrar el poder de nuestro reino sobre el suyo, pero no podemos deshacernos de él. Por eso el mundo seguirá sumido en tal desastre y empeorará.

Hay una promesa de que Jesús regresará para reinar en este mundo. ¿Cree que Jesús regresará? ¿Cree que usted volverá con él? ¿Si no, por qué no? Es que no solo él regresará a la tierra, sino que todos los cristianos que han muerto también regresarán, y no por dos minutos como muchos cristianos parecen pensar. Creo firmemente que la iglesia primitiva tenía razón al creer en el reinado corporal de Cristo en la tierra. Para citar a un obispo de esa época, fue la aversión de Agustín por el mundo físico que significó que no podía aceptar la idea de que Jesús regresara corporalmente para reinar físicamente en esta vieja tierra física y transformara incluso la naturaleza para que el lobo se acostara con el cordero. El león comería paja como el buey. Usted ha leído eso en la Biblia. ¿Lo descarta como poesía o lo toma en serio? Un mundo en el que por fin habrá paz y un mundo en el que Cristo juzgará a las naciones con justicia y rectitud.

La razón por la que no podemos conseguir la paz hoy es que no podemos conseguir justicia. Si la gente no siente que ha tenido justicia, no habrá paz. Ese versículo, "Forjarán sus espadas en rejas de arado y sus lanzas en hoces, y no alzarán espada contra nación, ni aprenderán más la guerra", está en Isaías y Miqueas. También está en el bloque de granito afuera de la sede de las Naciones Unidas en las afueras de Nueva York, pero es solo la mitad del versículo, que dice: "Cuando el Señor reine en Sión, él arreglará las disputas entre las naciones y ellas convertirán sus espadas en rejas de arado". No podemos tener la mitad del versículo. Tenemos que aceptarlo todo o no aceptar nada.

Trabajo duro

Creo que cuando regrese va a compartir el gobierno mundial con nosotros. Nos estamos preparando para conquistar el mundo en el nombre de Jesús, pero solo cuando él regrese. De repente, eso hace que el trabajo diario sea completamente diferente. Teníamos un gerente de banco donde vivíamos y él se hizo cristiano. Guio a todo su personal hacia el Señor. Era un gozo entrar al banco. Los ladrones los asaltaron a punta de pistola, los tiraron en el suelo y les robaron quinientas mil libras. Llegó a todos los titulares. El banco envió consejeros desde la sede central para que los asesoraran durante el trauma, ¡y ellos se encontraron recibiendo asesoramiento! Hablé con el gerente del banco y le dije: "¿Sabes? todos los bancos estarán en manos cristianas algún día. Jesús dijo: 'Si eres fiel en cuidar el dinero de otras personas, te daré mucho dinero propio para que cuides'". Si es fiel en pequeñas cantidades de dinero, él le dará grandes cantidades y se las confiará. Bien puede decirle: "Bien hecho, buen siervo y fiel, te pondré a cargo de diez ciudades". ¿Por qué no? ¿Usted realmente cree esto?

Tuve que escribir un librito porque la iglesia está en tal confusión sobre el Milenio que lo único que podían pensar era en el año 2000, que Dios no estaba celebrando en absoluto. Ni siquiera estaba en su diario. Escribí un libro *Esperanza para el Milenio* que analizaba seis teorías diferentes que había en la iglesia. Ahora bien, cuando los cristianos no están de acuerdo sobre algo, acuerdan una conspiración de silencio para no mencionarlo en absoluto. Ha sucedido con el bautismo: "No debes mencionar esto. Estamos todos unidos y permanezcamos juntos, así que no mencionemos cosas en las que no estamos de acuerdo". Ha oído hablar de amilenario, premilenario, posmilenario, pero ¿ha oído acerca de todos? Hay personas que ahora dicen "Soy panmilenario", lo que significa que al final las cosas saldrán bien.

Creo que hemos perdido una de las mayores esperanzas del futuro. La mayoría de los cristianos con los que he hablado tienen esperanza en otro mundo; no tienen esperanza en éste.

Tengo una esperanza para este mundo de que Jesús regrese para reinar. Solía cantar una canción cuando era niño que no entendía entonces, pero tenía una melodía hermosa, y me encantaba esta canción: *Cantemos al Rey que viene a reinar; gloria a Jesús el Cordero que fue inmolado. Vida y salvación traerá su imperio; Alegría a las naciones cuando Jesús sea Rey.* Ahora entiendo eso y espero con ansias el Milenio, incluso antes del cielo nuevo y la tierra nueva. Esta vieja tierra verá cómo será realmente bajo el gobierno de Jesús.

Un hombre se me acercó después de un culto y me dijo: "David, por primera vez puedo relacionar mi fe con mi trabajo".

Le pregunté: "¿Cómo? ¿Cuál es tu trabajo?".

Explicó: "Estoy a cargo de descontaminar los ríos de Inglaterra. Lo estamos logrando e incluso tenemos salmón subiendo por el Támesis. Sé que en Apocalipsis hasta los océanos van a ser contaminados antes del fin y ya lo están. Cuando Jesús regrese estará buscando a alguien que descontaminar los ríos, ¿no? Quiero ese trabajo. Voy a estudiar todo lo que pueda sobre eso".

Si su esperanza es simplemente ir al cielo y cantar coros uno tras otro para siempre, ¿qué tiene eso que ver con su trabajo diario? Pero si va a dirigir este mundo con Jesús, si no habrá nada en la televisión que él no pueda mirar, si no habrá nada publicado en revistas que no pueda leer y mirar, él va a necesitar gente para hacer todo esto. Por eso Pablo, escribiendo a los corintios, dijo: "Oí que algunos de ustedes están llevando a otros cristianos ante un juez incrédulo y demandándolos ante los tribunales. ¿Cómo se atreven si van a juzgar a las naciones?".

Será mejor que aprenda ahora a manejar este mundo apropiadamente, porque lo estará haciendo cuando Cristo venga. ¡Qué motivación!

Capítulo 4

HACER DISCÍPULOS

La clave de las reuniones de hombres es ésta: si una reunión tiene que ser apoyada por hombres, no sobrevivirá. Si una reunión apoya a los hombres, seguirán viniendo. Así que la gran pregunta es ésta: ¿lo que estamos haciendo por los hombres es algo que ellos tienen que apoyar, o algo que los apoya? Si realmente los apoya, lo querrán, y lo querrán regularmente porque lo necesitarán. Así pues, todo se reducirá a si los hombres sienten que necesitan lo que se les ofrece. La mayoría de las iglesias no hacen nada especial para los hombres. Esto se debe en parte a que es más difícil: los hombres están muy ocupados y atados. Pero esa no es la única razón. Encuentro una completa falta de fe en tantas iglesias: "Nuestra iglesia no podría hacer algo así por los hombres".

Por supuesto, si no hace nada por los hombres, no los conseguirá. Es tan simple como eso. No caen del cielo. "Estamos orando por más hombres en nuestra iglesia". Mi respuesta a eso es: dejen de orar y comiencen a discipular. Ellos no vienen a la iglesia en respuesta a una oración; vienen a la iglesia porque ustedes se acercan a ellos y les dan algo que necesitan y no solo quieren.

Jesús no inició la iglesia para escuelas dominicales o reuniones de mujeres. Entonces, ¿qué hizo y cómo podemos hacerlo nosotros? Quiero ser muy práctico. Quiero recomendarles un programa de discipulado para hombres que creo que cualquier iglesia podría desarrollar y ejecutar con éxito. Fui a una iglesia en Cornwall y conté la proporción de mujeres y hombres: dos a uno. Le dije al pastor: "Lo único que puedo decirle acerca de su iglesia sin conocerla es que no tiene nada para los hombres

por sí solos".
Respondió: "No, no lo tenemos".
Le dije: "Bueno, mire el resultado en su congregación; puede verlo".

Tan pronto como entro en una congregación puedo decir si los hombres están siendo discipulados o no, o si simplemente asisten con sus esposas.

¿A qué tipo de programa me refiero? No me refiero a desayunos de hombres con oradores. Es un buen comienzo, pero no les permitirá alcanzarlos. Es esencialmente un esfuerzo por reunir a los hombres para que se conozcan entre sí. Escuché acerca de una iglesia con un equipo de fútbol masculino. Es un comienzo; hace que los hombres se relacionen y se vuelvan amigables, conociéndose unos a otros. Pero eso no es discipularlos. Tenemos que llevarlos mucho más lejos. Obviamente, me refiero a reunir a los hombres, y mi sugerencia es que si va a discipularlos apropiadamente necesita un mínimo de una vez al mes. Es posible que se desarrolle más, pero es mejor aumentar que disminuir la frecuencia. Pero un mínimo si realmente va a hablar en serio es una reunión mensual. Entonces tiene que decidir cuándo será. Puede significar que una iglesia tiene que tener más de una porque algunos hombres trabajan por turnos y necesitan tener un grupo de hombres que se reúna en un día diferente cada semana.

Tiene que averiguar cuándo los hombres de su iglesia están disponibles, y es posible que no todos estén al mismo tiempo. En general, un buen comienzo es el sábado por la mañana temprano. Muchas iglesias comienzan con eso, al menos con un grupo inicial. Luego desarrollan otros grupos. Conozco grupos que se reúnen los jueves a las cinco de la mañana. Conozco un grupo que se reúne el domingo por la noche después de que todos los niños se hayan acostado. Tenemos que encontrar un momento en el que los hombres puedan reunirse durante al menos una hora, pero preferiblemente una hora y media, una vez al mes.

Cuando esté empezando, ¿puedo instarle a que solicite un

compromiso en lugar de un interés? Por "interés" me refiero a esto: "Vamos a iniciar un grupo de hombres aquí. Todos los hombres están cordialmente invitados. Estoy seguro de que recibirá una cálida bienvenida si puedes venir". No empiece de esa manera; eso es por *invitación*. Empiece por un *compromiso*, diciendo: "Estamos iniciando un grupo de discipulado de hombres e invitamos a aquellos hombres que estén dispuestos a comprometerse a venir durante seis meses, a reuniones semestrales, a menos que sean inevitablemente impedidos por una emergencia o una demanda inesperada". La razón es que no se puede formar en menos de seis meses un verdadero grupo de discipulado. Lleva tiempo. Si simplemente invita a todos los hombres, todos vendrán la primera vez, la mitad de ellos vendrán la segunda, una cuarta parte la tercera, y habrá una respuesta decreciente. Vinieron porque tenían curiosidad o simplemente estaban interesados.

Es mejor comenzar con cuatro hombres que digan: "Vendré por seis meses" y hacer una prueba seria. Ése es un compromiso serio. Si lo hace correctamente, después de seis meses no dejarán de venir, pero se requiere ese tipo de continuidad para que funcione correctamente. Es mejor comenzar con unos pocos comprometidos que con muchos simplemente interesados o curiosos. Necesitará un grupo de hombres en su iglesia que digan: "Estoy dispuesto a intentarlo una vez al mes. Ese es el tiempo que puedo manejar y prometo venir todos los meses durante seis meses, a menos que no pueda hacerlo porque algo demasiado urgente, una emergencia demasiado grande, reclama mi tiempo".

Tiene un grupo de personas. Hay seis elementos que deben cubrirse en un grupo de discipulado. Es posible que no cubra los seis en cada reunión. Pero es necesario producir cambios con seis actividades. No le doy estos seis en ningún orden de prioridad. Solo le estoy contando las seis cosas que veo que hacen los hombres juntos en un grupo así. La adoración sin duda tendrá una parte, donde los hombres puedan aprender a alabar y orar juntos en voz alta. Eso llevará tiempo, y la adoración para hombres será un poco diferente de la adoración mixta. La mayoría de las canciones actuales no son canciones masculinas. No quiero ser cínico, pero no esperaría que un grupo de trabajadores cantara la canción: "Te canto una canción de amor, una canción de amor a Jesús". Simplemente no es el lugar para empezar. "Es Dios quien entrena mis brazos para la batalla"; ¿lo conoce? Creo que la guitarra no es un instrumento masculino. A los hombres les gusta una banda de música o un acordeón. He conocido una tremenda adoración masculina con solo un trombón: música fuerte, contenido y palabras fuertes.

Los hombres quieren algo en lo que hincar el diente; algo en lo que puedan pensar cuando canten. El simple "te amo" repetitivo no es natural para los hombres. Al elegir el culto, es maravilloso escuchar a hombres que realmente se dejan llevar —y a hombres que son demasiado tímidos para abrir la boca, especialmente si no pueden cantar afinados frente a sus familias— en un grupo de hombres. Tuvimos una reunión de "Hombres para Dios" en el Ayuntamiento de Dudley y vinieron seiscientos hombres. Teníamos un par de trombones y comenzamos ese día cantando "Cuán grande es Dios". No podía oírme cantar, a pesar de que cantaba a todo pulmón.

Me dijeron que en High Street la gente se detenía y escuchaba. ¡Seiscientos hombres a toda voz! Lo dejo imaginarlo. Era un anticipo del cielo. Los hombres estaban aprendiendo a dejarse llevar y alabar, porque ninguno podía oírse a sí mismo. Pero estaban contribuyendo a ello. Para la oración, es vital que los hombres que hacen largas oraciones se callen. A menudo, con un grupo de hombres les digo: "Siéntense en círculo. Oren alrededor del círculo y no más de dos frases como máximo por cada uno. Pueden volver para una segunda oportunidad más tarde". De esa manera, cada hombre puede pronunciar libremente dos oraciones y, a menudo, son muy reales y significativas en lugar de estas oraciones largas, incoherentes y llenas de clichés.

Significa que todos están aprendiendo a compartir y que la gente participa en una reunión de oración. Adorar, alentar juntos la adoración masculina, cantar juntos, orar juntos, lleva tiempo. El mejor líder de adoración que conocí en Gran Bretaña era un granjero que tocaba el acordeón. Cuando terminó de dirigir la adoración, los hombres no pudieron resistirlo y se unieron. Si tiene un acordeonista o un trombón así, tómelo y úselo. Ofrezca al Señor una adoración fuerte. Ese es el número uno.

Número dos: la enseñanza obviamente será parte de esto, pero no permita que el pastor monopolice la enseñanza. A menudo los hombres del grupo tienen mucho más que enseñar sobre ciertos aspectos del trabajo, el dinero, el sexo, etc. Haga cambios, y la enseñanza no tiene por qué durar una hora. Pueden ser cinco minutos. "¿Qué has aprendido en tu trabajo acerca de ser cristiano? Compártelo con nosotros". Enseñar no es solo dar conferencias sino capacitar y ayudar a las personas a hacer cosas. Ese tipo de enseñanza es una parte vital, pero volveré a eso.

El ministerio es lo tercero, y esta es la clave. Una vez que empiezan con esto, los hombres descubren que se trata de una reunión que los apoya y no solo una reunión que ellos apoyan. Ese es el momento decisivo, porque entonces se convertirá en una prioridad para los hombres. Les hablaré de una iglesia en Cornwall. Me encontré con el pastor dos años después y me dijo: "David, nos diste algunos problemas". Dije: "¿Qué problemas?". Dijo: "Tenemos dos problemas que nunca tuvimos antes de que vinieras".

"¿Cuáles son?", pregunté.

"Primero, ahora tenemos más hombres que mujeres en la iglesia. No sabemos cómo manejarlo. Segundo, ahora tenemos demasiados líderes en la iglesia".

"¿No estás contento con esos problemas?".

Dijo: "Estamos muy contentos, pero son nuevos y no estamos acostumbrados a ellos".

Respondí: "Cuando tienes demasiados líderes, es el momento

de plantar nuevas iglesias. Demasiadas iglesias inician nuevas iglesias con miembros, pero no se hace de esa manera: la iglesia crece multiplicando sus líderes. Luego encontrarán los miembros que crecerán automáticamente. Pero si aumentas el número de miembros sin aumentar los líderes, los líderes se verán presionados y agotados. Lo he visto. Multiplica tus líderes. Esa es la manera de crecer, y eso solo se logra discipulando a los hombres". Así lo hizo Jesús y así lo hacemos nosotros. Ministerio mutuo: esto es lo que quiero decir. Dividimos a los hombres en pequeños grupos: tres o cuatro en cada grupo. Luego los animamos a ministrarse unos a otros.

Ahora, ¿cómo lo hacemos? Animándolos a ser francos unos con otros y a hacerse preguntas. "¿Cuál es el mayor problema que vas a enfrentar en el próximo mes antes de que nos volvamos a encontrar?".

"Bueno, tengo una entrevista difícil con mi jefe el jueves".

"Bien, oremos por eso". Sencillo, ¿no?

"¿Cuál es tu mayor tentación en el trabajo?". "Bueno, es esto: para ser honesto".

"Hablemos de eso".

"Bien, oremos todos por este problema".

Puede parecer ingenuo, pero no creerá los resultados que he tenido. Por eso tiene que tener el compromiso de seis meses, porque los hombres no se van a revelar estas cosas entre sí hasta que se conozcan y confíen el uno en el otro y sepan que no se hablará de ello en casa. Quizás no pueda hacerlo la primera vez que se reúnan, pero ese es su objetivo: llegar al punto en que los hombres hablen entre sí con franqueza y se ministren unos a otros. Puedo darle uno o dos ejemplos. Conocí un ministro de la Iglesia de Escocia en una conferencia en Londres. Todo el mundo lo llamaba Sandy. Alejandro era su verdadero nombre. Sandy se estaba quejando conmigo. Era ministro en un pequeño pueblo llamado Auldene, del que probablemente nunca haya oído hablar, cerca de Inverness. Dijo: "David, nadie quiere venir a ayudarme con mi ministerio. Le pedí a predicadores del sur que vinieran, pero todos dicen que está demasiado lejos. Es muy deprimente. Nadie quiere venir a hacer nada por nosotros en nuestro pequeño pueblo".

Le dije: "Iré, Sandy".

Dijo: "No, no vendrás. Conozco personas que lo han prometido y luego nunca cumplieron".

Le dije: "Sandy, no estás escuchando. Iré".

Dijo: "No irás ¿verdad?".

Nuevamente dije: "Iré".

Respondió: "No me gusta pedirte".

Se volvió más deprimente. Le dije: "Sandy, vendré por una semana entera. ¿Escuchaste eso?". Finalmente lo creyó. Continué: "Pero con una condición: que al menos una noche, la del martes o miércoles, sea solo para hombres".

Dijo: "Bien, reservaré la cabina telefónica en el parque del pueblo para eso".

Dije: "¿Por qué? ¿Cuántos hombres tienes en la iglesia?".

"Ninguno. Todas son ancianas".

Eso sí, yo no estaba siendo bendecido por lo que me estaba diciendo ahora, pero había hecho una promesa, y si hago una promesa la cumplo. Así que fui allí y él había reservado un pequeño salón para la reunión de hombres del martes por la noche.

Dijo: "Creo que solo seremos nosotros dos, David".

Respondí: "No importa, esa es una reunión de hombres. ¿Dónde está tu fe?".

Alrededor de las siete y diez llegó un hombre caminando por la calle del pueblo y se acercó al ayuntamiento. Sandy dijo: "¡Oye! ¡Alguien ha venido!". Luego vino otro. Entonces se detuvo un coche. Al final, estaba en la calle bailando de alegría. Habían venido cuarenta hombres. Dijo que ninguno vendría, pero vinieron cuarenta.

Nuestra falta de fe es a menudo la raíz, el problema raíz. Vinieron cuarenta hombres. De hecho, decidí arriesgarme esa vez y tratarlos como si fueran un grupo de discipulado. Los dividí en grupos de cuatro y dije: "Háganse unos a otros algunas de estas preguntas y comiencen a ministrarse unos a otros". Un poco arriesgado, pero no importa. Me encontré en un grupo de cuatro, uno de los cuales era un hombre gigante con cabello rubio y ojos azules. Parecía un vikingo y de hecho resultó ser un noruego que vivía allí arriba. Le dije: "¿Cuál es el mayor problema que tienes con tu trabajo?".

Se sonrojó y dijo: "No me gusta decírtelo".

"Vamos. Dime. No tengas miedo".

Dijo: "Mi mayor problema es la soledad".

"¿Por qué? ¿Cuál es tu trabajo?".

"Soy un buceador de aguas profundas en el Mar del Norte en las plataformas petrolíferas. Sueldo las patas de las plataformas donde se agrietan. Trabajo solo en la oscuridad, soldando las patas de las plataformas del Mar del Norte. Me siento completamente solo. Ni siquiera puedo sentir que Dios está ahí abajo, y soy cristiano. Ni siquiera puedo orar allí abajo cuando bajo en esa oscuridad. Siento que he dejado la vida en la superficie. Es desesperante. No sé cuánto tiempo más podré hacerlo. Si no fuera por el dinero, no continuaría".

Le dije: "¿Cuándo será la próxima vez que bajes?".

"El jueves por la mañana".

Les dije a los otros dos del pequeño grupo: "El jueves por la mañana tienen trabajo. Vamos a orar por ese hombre cuando baje al Mar del Norte", y lo hicimos.

No lo he vuelto a ver desde entonces, pero recibí una carta suya hermosa. Dijo que el jueves bajó, y dentro de su casco de buceo comenzó a cantarle al Señor y dijo: "Tuve un tiempo maravilloso con el Señor en el fondo del Mar del Norte. De repente, mi trabajo ha cambiado por completo. No puedo describir la diferencia que ha marcado". Ya no está solo. Sin embargo, ese hombre podría seguir luchando con ese problema si no hubiera tenido la oportunidad de obtener la ayuda del pequeño grupo de hombres que lo rodeaban.

Pienso en otro hombre, un representante de ventas. Solía pasar las noches en hoteles lúgubres en las callejuelas de las ciudades. Era todo lo que podía permitirse. Estaba vendiendo algo que no era muy caro. Esa era su vida, y dijo: "Cuando estoy lejos de casa, en estos hoteles sucios, me siento solo. Estoy lejos de mi esposa. Siempre está en la zona donde están las chicas. Entran al hotel buscando clientes y el hotel no pone objeciones. Les da habitaciones. Es una verdadera tentación. He tenido una verdadera lucha. No me he rendido todavía, pero tengo la horrible sensación de que algún día lo haré porque son chicas bonitas y están disponibles. Estoy por mi cuenta".

Así que la siguiente vez que fue, un pequeño grupo oró por él. Estaba sentado solo en el salón del hotel cuando entraron dos chicas de la calle. Miraron alrededor del salón y una le dijo a la otra: "Aquí no hay nadie", y se fueron. Y él estaba sentado justo frente a ellas. Dijo: "El Señor les cegó los ojos; no me vieron. Ahora sé que dondequiera que esté, el Señor está allí". Eso le solucionó el problema. Esto es lo que sucede cuando los hombres están dispuestos a compartir ese tipo de cosas y dicen: "Ora por mí" o "¿Puedes aconsejarme?". Cuando un hombre tiene problemas financieros, ¿hay otro hombre en la comunidad que pueda ayudarlo a presupuestar y a salir de ese problema? No hay adónde acudir. El gerente de su banco solo quiere recuperar el sobregiro y nadie más está dispuesto a ayudarlo. ¡Qué diferencia puede hacer si un hombre en esa iglesia que puede manejar las finanzas dice: "Vamos a revisar tu presupuesto y te ayudaremos a descubrir dónde podrías ahorrar un poco y cómo podrías superar esto"! Ese hombre no va a decir: "Dios mío, hay otra reunión de hombres a la que debo asistir. El pastor me ruega que lo apoye". Dirá: "Estaré allí el mes que viene. Eso me ha ayudado a superar el mes. Debo estar allí". ¿Ve lo que quiero decir? Se convierte en una hermandad autosuficiente que los hombres necesitan y desean. Los transforma; realmente. Eso es lo que quiero decir con ministerio mutuo. Necesitamos construir relaciones antes de poder hacerlo. Me arriesgué a hacerlo en una reunión pública en Inverness donde los hombres no se conocían. Sin embargo, les mostró lo que se puede hacer. Eso está muy lejos de ir a desayunar y escuchar a un orador. Realmente se trata de comprender la necesidad del hombre donde se encuentra. Para los hombres, ese es el corazón mismo de un grupo de discipulado de hombres. En cuarto lugar, y esto puede sorprenderle: diversión. Los hombres necesitan relajarse entre ellos. Necesitan ser amigos. Necesitan ser amigos además de hermanos. Necesitan divertirse juntos. Ir a los bolos por la noche, fútbol de cinco. Hay un lugar para ese tipo de cosas. Si es lo único en el programa de discipulado entonces es totalmente inadecuado. Sí, para divertirse pueden traer a sus esposas si es algo en lo que sus esposas pueden participar. Que vayan a pescar juntos. La mayoría de ellos no pueden hacerlo, y los que saben pueden enseñar a los demás cómo hacerlo. Eso sí, pescar no es necesariamente divertido. Vi una caricatura en la que una esposa estaba sentada en la parte trasera de un bote de remos bajo una sombrilla mientras su esposo pescaba en medio de un lago, y ella decía: "No me había divertido tanto desde que limpié el horno".

Número cinco: trabajar con las manos juntos. Haciendo un poco de trabajo manual. Es sorprendente lo que hace eso. Diseño dos o tres iglesias al año, y hay una en un lugar llamado Tamworth. La iglesia fue construida por ellos mismos. Gastaron seiscientas mil libras, pero hubo que asegurarlo por dos millones y medio. Hicieron un trabajo magnífico. No creería que fue construido por aficionados. El pastor aprendió albañilería. Les habían dado muchas cosas. Todos los bloques de cemento se los entregaron porque estaban desconchados o defectuosos. (Eran rechazos en la fábrica local que los fabricaba). Todo el material para los fundamentos fue arrojado al sitio para ellos. Esos hombres que trabajaban juntos eran una hermandad. Allí había hombres que podrían haber tenido un salario enorme, pero no sabían clavar

Hacer discípulos

un clavo; había que enseñarles cómo hacerlo. Es un muy buen nivelador. Hay algo en trabajar con las manos que es saludable, y trabajar con las manos juntos y que alguien que pueda enseñarle cómo hacerlo, hay algo en eso. Decorar el salón de la iglesia, arreglar el jardín de un jubilado. Puede encontrar algo, pero de vez en cuando un grupo de discipulado debe ensuciarse las manos. Hacer algo muy práctico: funciona de maravilla.

Sexto y último, alcanzar a hombres. Los hombres no creen que la iglesia sea para hombres. No tiene la imagen adecuada para los hombres. Pero cuando llegan, quedan impresionados con el hecho de que aquí hay un grupo de hombres que hablan en serio con el Señor; hombres que toman en serio la fe y la vida cristianas. Nada causa mayor impresión en los hombres que ver a un grupo de hombres interesados en la fe. Una iglesia que tiene un grupo de hombres está en un lugar único para ganar hombres, para llevar a los hombres a un entorno masculino donde se sentirán como en casa: hombres como ellos mismos pero que tienen ese extra.

Esas son las seis cosas que debemos incluir, pero no siempre. Innove. Un poco de variedad es el sabor de la vida.

Quiero volver a la enseñanza. Quiero darle una especie de plan de estudios o agenda del tipo de cosas que se deben enseñar. Al hablar con hombres, debo hacerlo en términos sencillos sobre cosas que me resultaría difícil decir en un culto familiar. Los hombres necesitan escuchar sobre el tipo de cosas que se describen en este libro, pero no lo harán a menos que haya un contexto exclusivamente masculino en él que se les pueda hablar directamente. Los hombres pueden ir a la iglesia durante años y nunca se les habla de las cosas vitales de sus vidas: sexo, trabajo, dinero (cómo conseguirlo, cómo ahorrarlo, cómo gastarlo). Necesitamos saber qué dice la Biblia sobre todas estas cosas. Necesitamos un contexto masculino en el que podamos hablar juntos con franqueza y honestidad sobre estas cosas.

Permítame darle un plan de estudios o una agenda que cubrirá la enseñanza, tal vez durante dos o tres años, o lo que sea. Parte de ella la enumero bajo el título de "responsabilidades" y la otra bajo el título de "motivos". A los hombres no solo se les debe enseñar qué hacer, sino también cómo y por qué hacerlo. He aprendido que podemos predicar hasta el hartazgo sobre lo que la gente debe hacer, pero hasta que no estén motivados y quieran hacerlo, no sucederá mucho.

Veamos primero las responsabilidades. Nunca hablo de los "derechos" de los hombres; esa es la palabra que todo el mundo usa hoy. Thomas Paine (nacido en Thetford, Norfolk) escribió un libro titulado *Los derechos del hombre*, lo que inmediatamente hizo que una mujer en París escribiera un libro *Los derechos de la mujer*. Ambos libros han sido incorporados a la Carta de las Naciones Unidas. La Declaración de Derechos Humanos recogió esos documentos del siglo XVIII, los incorporó y ahora "derechos" es la palabra omnipresente. Exigimos nuestros derechos. Tenemos derecho a un trabajo. Tenemos derecho a la felicidad. Tenemos derecho al dinero. Bueno, ¡no es así! En el reino de los cielos nadie tiene ningún derecho. Lo único de lo que no hablamos en un curso de discipulado para hombres son sus derechos. Hablamos de sus responsabilidades. ¿Cuáles son?

Número uno: el hombre es responsable de sí mismo. El hombre es responsable de sí mismo ante Dios. He visto a muchos criminales pasar por los tribunales. He liberado a muchos de ellos, no alegando que eran irresponsables sino alegando que eran responsables de sí mismos. En los tribunales lo he oído muchas veces: el psiquiatra alega que el hombre no era responsable, que debido a su educación, su herencia o su entorno, no pudo evitarlo. Por eso lo ponen en libertad condicional. Muchas veces he hablado con delincuentes y aparecí en la portada de un periódico con una de las defensas que hice para un asesino que fue exitosa. No porque no hayan tenido participación sino porque les dije: "Sean hombres; asuman la responsabilidad de ustedes mismos. Digan: 'Sí, señoría, lo hice y elegí hacerlo'".

Esto toma a los jueces por sorpresa y no saben muy bien cómo manejarlo. Están muy acostumbrados a escuchar excusas y todo tipo de cosas, pero yo les digo: "Tú eres un hombre bajo Dios y eres lo que eres porque elegiste ser en lo que te has convertido". Nuestro carácter es el resultado de nuestras elecciones, cualquiera que sea el comienzo que hayamos tenido en la vida. Elegimos a los amigos que tuvimos. Elegimos las cosas que hicimos con ellos. Hemos tomado decisiones que nos han convertido en lo que somos ahora. Por lo tanto, soy responsable de lo que soy ahora, y usted también. He enseñado a los delincuentes a hacer eso y se lo dije en una cárcel de alta seguridad donde hablaba regularmente, donde un ala entera de la prisión se volvió cristiana. El director de la cárcel no podía entender lo que estaba pasando. Los prisioneros derribaron las paredes entre las celdas y vivieron juntos como una solidaria comunidad cristiana. Podía hablar con ellos durante dos horas y media sin parar y lo absorbían todo. Eran asesinos. Todos estaban condenados a cadena perpetua. Había narcotraficantes. Les dije: "Tú eres responsable de lo que te has convertido". Somos responsables de nosotros mismos.

Considerémoslo más profundamente. Un hombre es responsable del estado de su cuerpo. Dios le dio ese cuerpo y es el único cuerpo que tiene. Es responsable ante él de cómo lo cuida. Puede cavar su tumba con cuchillo y tenedor si lo desea. Es por eso que fumar es algo sobre lo que hay un gran signo de interrogación, porque un cristiano dice: "Este cuerpo es templo del Espíritu Santo y yo lo he hecho inmundo y maloliente. Lo he expuesto al riesgo de ser destruido". ¿Eso es ser responsable? Soy responsable del estado de mi cuerpo para que me sirva. Algunos hombres cuidan mejor sus motos y coches que sus cuerpos. Puede conseguir otro coche, pero no obtendrá otro cuerpo. Está destinado a servirlo durante unos buenos setenta años.

Soy responsable del estado de mi mente. Su mente es en lo que se convierte. Como un hombre piensa en su corazón, así es él. Puede llenar tu mente con toda la basura con la que los medios de comunicación quieren que la llene y se convierte en un ático lleno de basura. O puede amueblarlo y vivir en él. No puede leer todos los libros, no puede ver todas las películas; tiene que elegir. Su elección determinará el color de su pensamiento. Un hombre es responsable de su estado mental, y dado que muchas de nuestras tentaciones provienen de nuestro estado mental, generalmente se debe a aquello con que lo alimentamos anteriormente. Muchos hombres son un accidente esperando suceder porque ya lo han hecho en su fantasía y en su pensamiento. Cuando las circunstancias sean las adecuadas, lo harán porque su pensamiento ya lo ha precedido. Por eso Jesús dijo que ahí es donde comienzan el asesinato y el adulterio. Pensar en ello ha comenzado a hacerlo por usted. Un hombre es responsable de lo que pasa por su mente, de lo que piensa.

Un hombre es responsable del estado de su conciencia. Es un instrumento delicado. Nacemos con una conciencia que estará condicionada por nuestra educación y habrá que revisarla para que se sienta culpable no solo cuando está haciendo algo que sus padres le dijeron que no hiciera, sino cuando está haciendo algo que Dios no quiere que haga. Eso implica procesos de educación de la conciencia. Me crie en un hogar muy estricto que prohibía bicicletas, cámaras y juguetes los domingos. Me educaron para creer que era pecado tocar cualquiera de esas cosas en domingo. Ahora sé que eso era lo que pensaban mis padres y no lo que Dios piensa. Cuando tenía que ir en bicicleta desde la granja a la iglesia, mi conciencia estaba muy agitada. "¡Voy en bicicleta un domingo para ir a la iglesia!" Ahora he revisado mi conciencia y muchas cosas que pensaba que estaban mal ya no creo que lo estén. Sé que soy libre de hacerlos. Otras cosas que pensé que era libre de hacer ahora sé que están mal. Esto se debe a que mi conciencia poco a poco se va volviendo más educada hacia el Señor que hacia mi entorno. Soy responsable del estado de mi conciencia. Cada vez que voy contra él, pierde su filo.

Podemos cauterizar nuestra conciencia hasta que ya no hable. Luego susurra y finalmente se queda en silencio. Soy responsable de eso. Soy responsable del estado de mis emociones. La iglesia está desesperadamente escasa de hombres enojados. No es que los hombres en la iglesia no estén enojados, pero generalmente lo están por la razón equivocada, en el lugar equivocado, en el momento equivocado y con la persona equivocada. De lo contrario, está bien. Jesús estuvo enojado. Limpió el templo él solo por pura ira. Se enojó cuando lo criticaron por sanar a un hombre en sábado. Se enojaba cuando mantenían a los niños alejados de él. Necesitamos estudiar la ira del Señor porque cuando regrese por segunda vez, se enojará. Habrá gente orando para que las montañas los cubran.

El problema no es la ira. El problema es que estamos enojados de la manera equivocada. Si tan solo los hombres en la iglesia estuvieran tan enojados como Jesús con las cosas correctas. Haríamos que sucedieran cosas. Pero como nuestra ira suele estar mal dirigida, no nos queda nada que dirigir correctamente. La ira es algo poderoso. Puede destruir cosas buenas, pero también puede destruir cosas malas. Lo necesitamos. Los hombres necesitan emoción. Necesitan aprender a llorar. Muchos hombres me han dicho que cuando se llenaron del Espíritu Santo comenzaron a llorar nuevamente por primera vez desde que eran niños. Jesús era un hombre real y lloró públicamente cuando su corazón fue quebrantado. Necesitamos aprender a llorar de nuevo. Me temo que la idea inglesa de la virilidad es que no mostramos nuestros sentimientos. Mantenga el temple y será admirado. Si no llora, eso no es ser como Jesús. Nuevamente, lloramos por las cosas equivocadas. Necesitamos llorar por lo que él llora. Un hombre es responsable del estado de sus emociones y del estado de su alma.

Nunca seremos hombres de Dios a menos que estemos empapados de la Biblia. Si no pasa por su mente nada más que lo que oye y ve en los medios de comunicación, nunca será un hombre de Dios. La única manera de pensar como Dios y tener una mente como Dios es empaparse de su Palabra. No hay atajos y, sin embargo, muchos hombres apenas miran la Biblia. Hice los videos titulados *Abramos la Biblia* para animar a la gente a volver a la Biblia con entusiasmo y comprensión.

Ésa es toda la responsabilidad sobre sí mismos que los hombres necesitan que se les enseñe. En segundo lugar, está la responsabilidad por la familia, en particular por la esposa. Si quiere que su esposa lo trate como a un rey, hay una manera muy sencilla: trátela como a una reina. Necesitamos aprender cómo hacerlo, cómo cuidar de nuestras esposas. Los hombres necesitan enseñarse unos a otros cómo han aprendido —a veces de la manera más difícil, por ignorancia— a ser responsables de su esposa y de sus hijos. Hace algún tiempo se reveló que el padre medio en Gran Bretaña pasaba quince minutos por semana con sus hijos. Me refiero a tiempo de calidad, dedicando toda su atención a los hijos para que tengan la atención y el cariño exclusivo del padre. Quince minutos de 168 horas: ese ha sido el estado de la paternidad en Gran Bretaña. Quiero agregar aquí una palabra particular: necesitamos saber que en la adolescencia el padre es tan necesario para las niñas como para los niños.

Los menores de diez años necesitan una madre, pero en la adolescencia no solo los niños necesitan un padre para saber qué es la masculinidad, sino que las niñas también necesitan un padre. Si no cuentan con la atención de un padre, es mucho más probable que tengan un mal matrimonio. porque saldrán corriendo tras el primer chico que las saque. Si tuvieron una buena relación con su padre durante la adolescencia, las niñas tendrán un estándar de virilidad por el cual estarán dispuestas a esperar.

Estaba hablando con una niña de Sudáfrica y ella me dijo cuánto disfrutaba y admiraba a su padre. Ella quería un hombre como él, que fuera un buen marido. No una réplica de él, pero sabía lo que era un buen marido por la relación con su padre. Las niñas que tuvieron una mala relación con su padre durante la adolescencia se apresurarán a contraer malos matrimonios. Esto es una simplificación, pero en general es cierto. Por eso, debemos ser conscientes de la responsabilidad de nuestra familia.

Hacer discípulos

También existe responsabilidad por la iglesia a la que pertenecemos. No se lo deje al pastor ni a los ancianos ni al vicario ni al consejo parroquial. Asuma la responsabilidad de su iglesia. La forma de hacerlo es simplemente aceptarlo. Si ve algo que necesita hacer, hágalo. Si es necesario sacar o apilar las sillas, hágalo. Solo asuma la responsabilidad. Le digo la recompensa: se le dará más responsabilidad. Tan pronto como la iglesia vea que usted puede ser responsable, la obtendrá, probablemente demasiada. Pero al menos si va a una iglesia, no se limite a ir a casa y almorzar predicador asado. No vaya a casa y diga: "¡Qué desastre es nuestra iglesia!". Diga: "¿De qué podría responsabilizarme? Voy a hacer algo para cambiar nuestra iglesia".

Podría pensar: ¿por qué no podemos tener un grupo de hombres en la iglesia? Acuda a sus líderes y dígales: "Queremos un grupo de hombres". No espere a que lo hagan ellos sino diga: "Podemos comenzar a reunirnos de inmediato". ¿Por qué no? Sigamos adelante y hagámoslo. Asumamos la responsabilidad para que haya un grupo de hombres en nuestra iglesia. Si espera a que los líderes lo hagan, ya tendrán tantas cosas para hacer que lo pondrán en la agenda y es posible que nunca lleguen a concretarse. Asuma la responsabilidad. ¿Qué impedirá a usted y a un grupo de hombres reunirse? Nada en absoluto.

Por supuesto, es posible que se encuentre con un problema común: que el vicario o el pastor quiera tener las cosas bajo su control. Es una inseguridad, básicamente, pero existe, y lo sé. Yo mismo he enfrentado la tentación como pastor: queremos saber qué está pasando y nos gusta sentir que estamos ahí, en todo. Es posible que tenga un pastor o vicario así; espero que no. Pero ¿por qué debería impedirle hacer lo que el Señor quiere que haga? Vaya y hágalo. Asuma la responsabilidad de su iglesia.

Finalmente, asuma la responsabilidad de su sociedad. En una democracia todos somos responsables. Nuestro voto nos da un sentido de responsabilidad. Es una cosa pequeña y, sin embargo, suma. Estaba hablando con un grupo de hombres en Basingstoke y uno de ellos, después de escucharme, dijo: "Voy a formar parte de nuestro consejo local. No sé si hay un cristiano en él, pero estoy decidido a que haya al menos un cristiano". Siguió adelante y se unió al consejo para ayudar a hacer de Basingstoke una ciudad mejor. Estaba mostrando responsabilidad.

El noventa por ciento, al menos, de todas las decisiones que dan forma a nuestra sociedad son tomadas por hombres, no por mujeres. Les guste o no a las feministas, es un hecho. Nunca ha habido una sociedad en toda la historia en la que la mayoría de las decisiones importantes no fueran tomadas por hombres. Seguirá siendo así, créanme. Puede que la Cámara de los Comunes esté llena de mujeres, pero las decisiones las tomarán en su mayor parte los hombres. Sin embargo, los hombres cristianos evitan la política local y nacional por considerarla un negocio sucio. Bueno, ensúciese las manos y métase en ello. Prediqué en Solihull y había un hombre negro en la congregación y su ambición era ayudar a cambiar Inglaterra. Su nombre era John Taylor. Creo que le aconsejaron mal que intentara ser diputado por Cheltenham. De todos modos, fue rechazado, pero ahora es el barón Taylor de Warwick. Está en la Cámara de los Lores y allí quiere ayudar a tomar las decisiones. Entró allí a pesar de que no llegó a la Cámara de los Comunes, pero tenía ambición.

Recuerdo haberme encontrado con él una mañana y orar para que entrara en el Parlamento. Tenía la ambición de hacer de este país un lugar mejor, y lo intentó. Ésa es la clase de hombre que tendrá una gran responsabilidad en el Milenio. Un cristiano no espera traer el reino de Dios a la tierra simplemente metiéndose en política. Un cristiano no tiene un optimismo extravagante o ingenuo sobre el futuro de este mundo hasta que Jesús regrese. Él sabe que entonces todo realmente va a cambiar, pero quiere practicar ahora y aprender cómo ser justo y misericordioso ahora para poder serlo cuando se le dé más responsabilidad en ese momento. Eso está en el lado de la responsabilidad.

Finalmente, *motivación*. Aquí están las cuatro motivaciones que deben cubrirse en un grupo de discipulado de hombres.

Primero: el motivo de la vida cristiana es el temor de Dios. La mayoría de los hombres hoy no temen a Dios; temen el despido. Podrían temer enfermedades y todo tipo de cosas. Me refiero tanto dentro de la iglesia como fuera. El temor de Dios es el principio de la sabiduría. Si quiere ser un hombre sabio, lea la Biblia. El libro de Proverbios es el mejor libro que puede leer un hombre. Billy Graham me dijo que leía Proverbios una vez al mes. Eso es lo que lo mantuvo fuera de problemas porque fue uno de los pocos televangelistas que no fue sorprendido con una prostituta. Una de las cosas que me dijo fue: "Nunca me subo a un auto con una mujer que no sea mi esposa o mi hija. Si una mujer se ofrece a llevarme a algún lugar, tomo un tren, un autobús o un avión. Nunca me subiré a un coche con una mujer sola". Eso es sabiduría. La obtuvo porque, como dijo, lee el libro de Proverbios una vez al mes. Inténtelo. Lo convertirá en un hombre sabio. No necesariamente un hombre rico ni inteligente, sino un hombre sabio, que es lo que realmente quiere ser. Un hombre sabio aprovechará la vida al máximo. Un hombre inteligente puede ganar mucho dinero, pero terminará sin él. Sea sabio. El temor de Dios es el comienzo de la sabiduría y hay tanto sobre temer a Dios en el Nuevo Testamento como en el Antiguo. No se engañe. "Ocúpense en su salvación", dice Pablo, "con temor y temblor". ¿Qué hay que temer con Dios? Todo. Es un Dios santo que ama a los pecadores, pero odia el pecado. Si nos aferramos al pecado y no lo abandonamos, entonces él tiene que odiarnos porque nos hemos identificado con el pecado. Lo hemos hecho parte de nosotros y no estamos dispuestos a dejarlo ir. Sabemos lo que sucede al final cuando uno está bajo la ira de Dios. Dios puede estar muy enojado. Él está muy enojado contra el pecado porque le hace daño a usted y a otras personas y a él cuando abusamos de su creación, de lo que él nos ha dado. Y él está enojado. Un día esa ira se desbordará. Se acerca un día de ira. Su ira con este mundo se va a desbordar. Ya es visiblemente evidente que su ira descansa sobre Inglaterra.

Lea Romanos 1 y descubra lo que le sucede a la sociedad cuando Dios se enoja con ella. Si le digo que la homosexualidad aumenta, y si le digo que los hijos se vuelven más desobedientes a los padres, esas son solo dos de las treinta cosas en Romanos 1 que se evidencian cuando Dios está enojado con una sociedad o una comunidad. Cuando leemos el periódico es como leer Romanos 1. Dios está enojado con este país. Pero su ira en este momento está hirviendo a fuego lento. Hay dos palabras en el Nuevo Testamento para referirse a la ira de Dios: hirviendo a fuego lento y un hervor que desborda. Cuando la leche en una cacerola hierve a fuego lento en una estufa, es posible que no se ponga ansioso, pero de repente, sin previo aviso, se desborda, ¿no es así? Entonces lo huele y se apresura a sacarlo del fuego. Las dos palabras para la ira de Dios son su ira latente y su ira desbordante. Su ira latente se extiende desde hace bastante tiempo y ya lo estamos experimentando. Es necesario informar a Inglaterra sobre esto.

Un día desbordará, y eso es lo que hay que temer. Es el temor de haber predicado a otros y luego ser descalificado uno mismo. Es el temor, simplemente, de perder la salvación. Ahora, al noventa y cinco por ciento de los cristianos de este país se les ha dicho: "una vez salvo, siempre salvo; una vez que tienes tu boleto al cielo, no importa lo que hagas, estás bien". Me sentí tan agobiado por eso cuando conocí a cristianos que vivían en pecado deliberado y voluntario que tuve que escribir un libro *¿Una vez salvo, siempre salvo?* El signo de interrogación en el título es importante. Consideré ochenta pasajes del Nuevo Testamento que nos dicen que debemos seguir confiando y obedeciendo hasta el final. Al estudiar esos ochenta pasajes de cada escritor del Nuevo Testamento, llegué a la firme conclusión de que debemos mantenernos hasta el final; que a menos que permanezcamos en la Vid Verdadera seremos cortados y quemados.

Hacer discípulos

Cuando escribí el libro *El camino al infierno*, muchos quedaron impactados por esta enseñanza y recibí muchas cartas que decían: "No puedo creerlo". Señalé que todas menos dos de las advertencias de Jesús sobre el infierno fueron dadas a creyentes nacidos de nuevo, y las dos fueron dadas a fariseos. Casi nunca habló con pecadores sobre el infierno, pero sí hablaba con creyentes sobre él. Mucha gente me escribió y me dijo: "No podía creer lo que dijiste hasta que lo verifiqué y lo comprobé". Por eso escribí el libro. Temo al infierno y por eso puedo predicarlo. Creo que es completamente ofensivo que un predicador diga: "Yo voy al cielo y tú irás al infierno". Pero puedo predicar sobre el infierno porque tengo temor de ir allí, aunque soy creyente. Creo que el temor de Dios está muy relacionado con esto: nuestra seguridad no reside en una decisión que tomamos por Cristo hace veinte años, sino en nuestra relación con el Señor ahora. Si es correcta, tenemos la seguridad de que estamos en camino al cielo. Si es incorrecta, lo primero que perderemos es nuestra seguridad. No me despierto por la mañana preguntándome si iré al cielo o no. Si estoy caminando con el Señor y estoy bien con él, sé que lo único que tengo que hacer es seguir en este camino y estaré ahí. Pero lo temo.

El libro de Apocalipsis finalmente me convenció y, si han leído mi libro *Cuando vuelva Jesús,* recordarán que señalo que al final, cuando desciendan los cielos nuevos y la tierra nueva, la palabra viene del Señor: "Los que venzan heredarán todo esto, pero los cobardes, los inmorales y los engañosos, mentirosos, serán arrojados al lago de fuego". Cuando los cristianos leen eso, piensan que la última parte se refiere a todos los demás. No es así. El libro de Apocalipsis es enteramente para cristianos. Está escrito para siete iglesias y está diciendo: aquellos de ustedes creyentes que venzan heredarán todo esto, pero si son cobardes o inmorales, si no están venciendo, entonces el lago de fuego es para ustedes. Eso nos devuelve el temor del Señor. No es una fobia; no nos paraliza. Es algo muy saludable. Tenemos más miedo de entristecer a Dios y disgustar a Dios que de disgustar a la gente. Ese es un gran paso adelante. No nos hace más populares, pero obtener el temor de Dios es un gran paso adelante en nuestra vida cristiana. En segundo lugar, el nombre de Jesús. Hay poder en el nombre de Jesús, pero a los hombres les da vergüenza usarlo. Incluso les resulta más fácil hablar del Señor. Eso suena un poco más respetable pero el poder no está en la palabra "Señor" sino en el nombre de Jesús. Cuanto más a menudo esté el nombre de Jesús en labios de un hombre, más motivado estará; eso es algo asombroso. Un amigo mío estaba en el urinario de la fábrica haciendo lo habitual, parado junto a otro hombre, y este hombre estaba hablando con otro hombre en el artefacto de al lado. Estaba diciendo: "Cristo, lo hemos pasado mal esta mañana en nuestra parte del taller. Jesucristo, deberías haber escuchado lo que ellos..." y este cristiano se quedó allí y dijo en voz baja: "¿Te importaría no hablar así de él, de mi mejor amigo?". Eso fue lo que dijo. Lo dijo con mucha amabilidad y firmeza. Luego le dijo que Jesús era su mejor amigo. Hablar de Jesús contribuye en algo a la motivación cristiana del hombre, lo hace mucho más personal que simplemente "el Señor". No sé por qué, pero hay poder en el nombre de Jesús. Nunca he logrado sanar a nadie diciendo "el Señor", pero con el nombre de Jesús he visto suceder cosas maravillosas.

El temor del Señor, el nombre de Jesús. Luego, en tercer lugar, el poder del Espíritu. He insinuado esto de vez en cuando en este libro, pero los hombres necesitan saber que han sido llenos del poder del Espíritu Santo. Necesitan saber que han sido bautizados en el Espíritu. No dudo en usar esa frase porque Juan el Bautista y Jesús después de él la usaron continuamente muchísimas veces. Si no me cree, lea mi librito, *Jesús bautiza en un único Espíritu Santo*. No vendo libros, solo le digo que, si realmente quiere verificar lo que digo, consiga el libro. Jesús es el Bautizador.

¿Cuándo escuchó por última vez que se predicara ese título?

Hacer discípulos

Él no nos bautiza en agua. Yo puedo hacerlo por usted, pero no puedo bautizarlo en su Espíritu. Cuando un hombre es bautizado en Espíritu, tiene poder. El poder más inverosímil. Pienso en mi amigo Bill. Bill era millonario a la edad de treinta años, pero era despiadado en sus métodos comerciales. Llevó a su esposa a la bebida y su hijo de dieciocho años lo odiaba tanto que se escapó de casa. Entonces Bill conoció al Señor Jesús. Vio a Jesús sanar a una persona en su propia sala de estar y supo que Jesús debía ser real para hacer eso. Simplemente lo vio suceder en su sala de estar en el nombre de Jesús y se entregó a Jesús ese día. Salí a caminar con Bill. Tiene un enorme yate de alta mar y me llevó al Océano Pacífico. Llegamos a una isla del Pacífico. Salimos a caminar por la playa. Sacó de su bolsillo un trozo de papel y dijo: "Esa es mi posesión más valiosa". Dijo: "Es una carta de mi hijo. Lo llevo junto a mi corazón. Mi hijo me escribió una carta meses después de irse de casa. Dijo: 'Conocí a Jesús y vuelvo a casa'. Nos encontramos en Cristo, Ni todos mis millones podrían comprar esa carta". Y Bill ahora es conocido en todo el mundo.

¿Ha oído hablar del Bill Subritzky? Ese hombre tenía un ministerio de sanar y liberar personas en todo el mundo. Pero lo primero que hizo después de su conversión fue poner su despertador una hora más temprano en la mañana y desde entonces leía la Biblia una hora al día antes de salir a trabajar. Lo leyó de tapa a tapa cada tantos meses sin atajos. Se convirtió en un hombre de Dios, conocido en todo el mundo por su poder. No el tipo de poder financiero ni el tipo de impulso que tenía en los negocios, que ciertamente tenía además de ser un abogado inteligente. Era el mayor contratista de obras de Nueva Zelanda y uno de sus abogados más conocidos. Era poderoso, pero de forma destructiva. Se convirtió en un hombre poderoso para Dios y uno de los hombres más humildes que he conocido.

Les hablaré de otro hombre en Australia. Peter Bettson ha distribuido quinientas mil cintas mías por toda Australia, Birmania y China. Vino a Cristo, escuchó las cintas, aprendió más acerca de

HOMBRES PARA DIOS

Jesús y simplemente dijo: "Quiero que todos escuchen la verdad". Se hizo conocido como el comerciante de autos usados honesto. Solía subastar coches de segunda mano cada cincuenta segundos, los martes y jueves, no al público sino a los concesionarios, y eso es un negocio rápido. El día después de su conversión, se levantó frente a su escritorio de subastador y dijo: "Bueno, muchachos, entiendan esto y entiéndanlo rápido. Soy cristiano esta mañana. De ahora en adelante les diré toda la verdad sobre cada auto que les vendo". Llegó un auto y dijo: "Se ve bien, pero el chasis está podrido. Yo no lo tocaría". Ninguno le creyó. Nunca le creían, así que lo compraron. Dijo: "No más ofertas extrañas", lo que significa simular recibir ofertas cuando no surgen y contratar a un hombre, ese tipo de cosas.

Es ilegal, es inmoral, pero en la televisión, un importante subastador de este país dijo: "Así es como se hace. Finges que un postor de allí está pujando en su contra y los confrontas". Es ilegal. Es inmoral. Él dejó de hacerlo. Dijeron: "Estarás fuera del negocio en seis semanas". Pero se hizo millonario. Y gastó el dinero comprando cintas y caminando por las calles de Brisbane de noche, recogiendo borrachos y cuidándolos. Era un auténtico australiano que maldecía, bebía mucho y, sobre todo, agresivo. Ese es Peter. Ahora bien, si ando en coche con él, en un enorme Mercedes por toda Australia, cuando estamos en el monte a doscientas millas de cualquier lugar, él conduce a noventa y nueve kilómetros por hora porque en Australia había un límite de 100 kilómetros por hora. Conducía exactamente a cincuenta y nueve en la ciudad, y es un coche grande con un motor grande. No pude evitar notarlo. Lo comenté, pero pronto deseé no haberlo hecho.

Dijo: "¿No es eso santidad, David? ¿Cómo puedo esperar que los ángeles me protejan cuando violo las leyes creadas para mi seguridad?". No hay respuesta para eso, ¿verdad? Ese es el tipo de hombre en el que se convirtió. Recto como una flecha. Luego no solo sanaba personas, sino viñas y aves de corral. Cuando los viñedos enfermaron, los dueños enviaron a buscar a Peter y él vino, oró y recorrió las vides diciendo: "Maldita enfermedad. Reclamo en el nombre de Jesús este campo". Los gallineros desarrollan plagas aviares, que son tan malas como la fiebre aftosa en el ganado. Iba a los gallineros diciendo: "Peste asquerosa. En el nombre de Jesús, sal de esta granja". He comido el fruto de los árboles que él ha sanado, el mejor fruto que jamás habían tenido. Era un comerciante de autos usados, solo eso, y un verdadero hombre. Un hombre real. Ése es el tipo de hombría que se necesita. Simplemente fue lleno del poder del Espíritu. Temía a Dios, usaba constantemente el nombre de Jesús, usaba el poder del Espíritu.

Y hay un cuarto y último motivo: el amor de los hermanos. Nunca lo logrará por tu cuenta. Si va a ser un hombre de Dios, necesitará hermanos que lo amen, que lo amen lo suficiente como para que todo lo que les diga no rompa la relación, no impida que lo amen. Tengo algunos hombres así en todo el país y los valoro mucho. Temor de Dios, nombre de Jesús, poder del Espíritu, amor de los hermanos: esa es la motivación. Un grupo de discipulado de hombres tiene que introducir a los hombres a esas cuatro cosas. Ésa es una gran agenda, ¿no? Responsabilidad por uno mismo, su familia, su iglesia, su sociedad y esas cuatro motivaciones. Tienen tiempo cuando se reúnen una vez al mes. No es necesario que lo hagan todo en la primera reunión. Pero hay una agenda para usted: producir hombres para Dios. Ahí es donde voy a terminar.

Al enseñar a los hombres he orado:

Padre, he hablado mucho con mis hermanos. En primer lugar, pido que si algo de lo que he dicho no es la verdad y no es lo que querías que dijera, por favor bórralo de sus recuerdos antes de que les cause algún daño o los distraiga. Si he estado hablando desde tu corazón, ¿tu Espíritu Santo lo confirmará de tal manera en sus corazones que sepan que no fui yo quien lo dijo sino tú? Entonces no hablarán de mí sino de ti. Gracias, Señor, por tu paciencia conmigo y por pasar este tiempo, y oro para que sus familias se beneficien del tiempo lejos de ellos, que cuando volvamos con nuestros seres queridos, de alguna manera puedan sentir que el tiempo que hemos pasado ha valido la pena y que somos mejores hombres por ello.

Ahora Señor, oro por las iglesias aquí representadas. Tú conoces mi corazón, mi anhelo, que en cada una de esas iglesias se haga lo que hizo el Señor Jesús y se discipule a los hombres, pero te pido que tú mismo pongas esto en sus corazones para que no sientan ninguna presión mía ni de nadie más, sino que sientan presión tuya para hacer esto, por más difícil que sea, lo que sea necesario para ver que se realice a través de. Señor. Oro por eso.

Finalmente, oro para que el día en que veamos a Jesús nuevamente aquí, no falte nadie. Señor, mantennos cerca de ti. Que podamos lograrlo, sabiendo que el que persevere hasta el fin será salvo, y esperamos ese día y lo anhelamos. Aun así, ven Señor Jesús. Eres la única esperanza para este mundo. En el nombre de Jesús. Amén.

www.ingramcontent.com/pod-product-compliance
Lightning Source LLC
Chambersburg PA
CBHW050256120526
44590CB00016B/2369